AF648633

Heike Maria Johenning

CITY|TRIP BAKU

Nicht verpassen!

Karte S. 3

1 Jungfrauenturm (Qız Qalası) [D4]

Der sagenumwobene Rundturm ist *das* Symbol Aserbaidschans. Neuerdings verfügt er auch über eine Aussichtsplattform mit herrlichem Blick über die Stadt (s. S. 16).

5 Palast der Şirvanşahs (Şirvanşahlar Sarayı) [C4]

Die zum UNESCO-Weltkulturerbe zählende Palastanlage ist ein Wunderwerk der lokalen Steinmetzkunst (s. S. 20).

14 Palast des Glücks (Seədət Sarayı) [D3]

Der Industrielle Murtuza Muxtarov ließ für seine Gattin ein neogotisches Schlösschen errichten und holte für sie nicht nur die Sterne vom Himmel, sondern auch Frankreich ans Kaspische Meer (s. S. 28).

21 Hacınski-Residenz (Hacınski Mansion) [D4]

Den eklektischen Prachtbau am Bulvarı entwarf ein deutscher Architekt. 1944 nächtigte hier Charles de Gaulle auf seiner Reise von Teheran nach Moskau (s. S. 35).

24 Aserbaidschanisches Teppichmuseum (Azərbaycan Xalça Muzeyi) [C5]

Im spektakulären Teppichmuseum gibt es nicht nur riesige Exemplare zu bewundern, sondern auch interaktive Teppichkunst … und einen Webstuhl (s. S. 37).

27 Funikular (Funikulyoru) [C5]

Die Standseilbahn überwindet 91 Meter in 10 Min. und bringt die Besucher auf einen paradiesischen Hügel (s. S. 40).

28 Flame Towers [B5]

Die drei in den Himmel ragenden „Flammen“ aus Glas und Stahl sind zum ultimativen Symbol der Hauptstadt im Land des Feuers geworden. Nachts funkeln die Hochhäuser in allen Farben des Regenbogens (s. S. 41).

32 Oper und Nizami-Straße (Axundov adına Azərbaycan Dövlət Akademik Opera və Nizami küçəsi) [E2]

Als der Ölbaron Zeynalabdin Tağıyev 1911 ein Jugendstil-Opernhaus in die staubige Wüstenstadt baute, zogen noch Kamele durch die Straßen (s. S. 43).

39 Heydar Aliyev Center [eg]

Dieses Meisterwerk von Zaha Hadid ist ein einzigartiges, mehrfach prämiertes Kulturzentrum in Form eines blütenweißen Sonnenhuts (s. S. 49).

Leichte Orientierung mit dem cleveren Nummernsystem

Die Sehenswürdigkeiten sind im Text und im Kartenmaterial mit derselben **magentafarbenen ovalen Nummer** 1 markiert. Alle anderen Lokalitäten wie Geschäfte, Restaurants usw. tragen ein **Symbol und eine fortlaufende rote Nummer** (1). Die Liste aller Orte befindet sich auf Seite 140, die Zeichenerklärung auf Seite 142.

Baku auf einen Blick

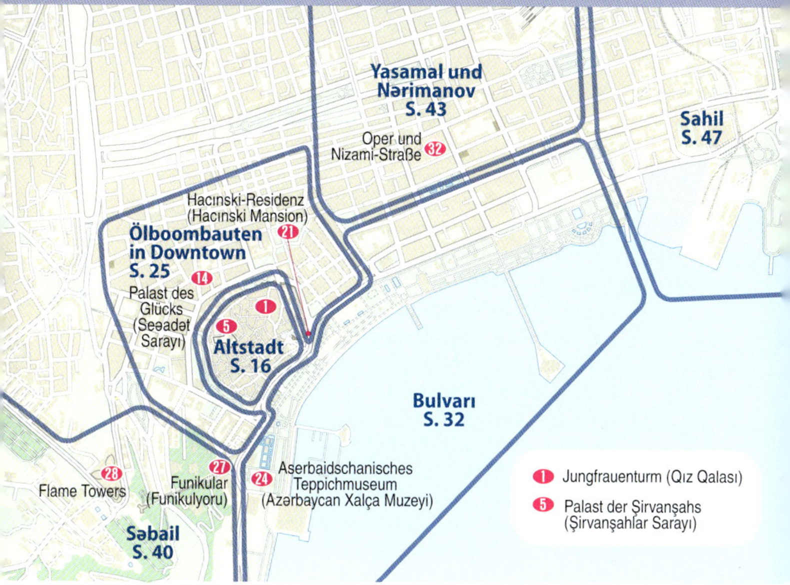

Der Künstler Faig Ahmed (s. S. 37) revolutioniert den Orientteppich (057ba-hmj)

Zeichenerklärung

★★★ nicht verpassen
★★ besonders sehenswert
★ wichtig für speziell interessierte Besucher

[A1] Planquadrat im Kartenmaterial. Orte ohne diese Angabe liegen außerhalb unserer Karten. Ihre Lage kann aber wie die von allen Ortsmarken mithilfe der begleitenden Web-App angezeigt werden (s. S. 143).

Updates zum Buch

www.reise-know-how.de/citytrip/baku18

Vorwahlen

- Baku: 012
- Aserbaidschan: +994

Abkürzungen und geografische Bezeichnungen

- küç. für küçəsi (Straße)
- prosp. für prospekti (Allee)
- şose: Chaussee
- meydan: Platz

Dass Baku längst nicht mehr „die vergessene Mitte der Welt“ ist, wie Stephan Wackwitz in seinem gleichnamigen Buch schreibt, sondern eine Megacity im Übermorgenland, erkennt man schon an den High-End-Neubauten. Die Flammen, die aus dem Stadtbild züngeln, sind die ersten Willkommensgrüße. Die Stadt fungiert aber auch sonst als Herzanzünder …

Baku im Maßstab 1 : 33

Das Heydar Aliyev Center von Zaha Hadid zeigt eine neue Dauerausstellung mit Modellen aller architektonisch relevanter Gebäude aus ganz Aserbaidschan. Das Center selbst ist auch dabei (s. S. 49).

Teppichmuseum aus 1001 Nacht

Das kürzlich eröffnete futuristische Teppichmuseum am Bulvarı überrascht mit seiner Form als aufgerollter Teppich und verblüfft mit interaktiven Filmen, riesigen Teppichen und anderen beeindruckenden Kunstwerken (s. S. 37).

Moschee mit Rolltreppe

Aserbaidschanische Steinmetzkunst in Vollendung ziert die nachts spektakulär angestrahlte Heydər-Moschee, eine der größten weltweit. In einem Wohnviertel abseits des Zentrums taucht sie plötzlich wie eine Fata Morgana auf (s. S. 55).

Café Baku

Pfannkuchen, Pasta, Salate, Kuchen und Caffè Latte gibt es in diesem Fabriksetting mit viel Grün, Terrasse und Sofa-Lounge – und einen Baku-Corner-Stand (s. S. 83) mit Souvenirs aus dem Atelier der Präsidententochter (s. S. 84).

001ba-hmj

BAKU ENTDECKEN

Baku für Citybummler

Liebhaber **ausgedehnter Spaziergänge** kommen in Baku voll auf ihre Kosten, was unter anderem an dem **seltsam dezentralen Metronetz** liegt. Im gesamten Innenstadtbereich gibt es nur drei Metrostationen (İçərişəhər, Sahil und 28 May), die aber immerhin auf derselben (der roten) Linie liegen. Die Altstadt erobert man am besten zu Fuß und startet am Jungfrauenturm ❶ (siehe Stadtspaziergang ab S. 14). Alternativ gibt es an den „Old Gates" der Altstadt auch Elektrocarts zu mieten (30 ₼ für 20 Min.), was vor allem dann sinnvoll ist, wenn man Kopfsteinpflaster nicht mag.

Sehr hilfreich ist das **Funikular** ㉗, mit dem man vom Bulvarı auf Höhe des Teppichmuseums in den Dağüstü park (s. S. 86) mit Aussichtsterrasse und zur Allee der Märtyrer hochfahren kann. Man trainiert die Waden, da es in der wie ein Amphitheater konzipierten Stadt allerlei Höhenunterschiede zu überbrücken gilt. Durch diesen Umstand ergeben sich jedoch wunderbare Sichtachsen, sodass man keinen Meter bereut.

Bereuen wird man auf jeden Fall irgendwann die Tatsache, dass es zwischen dem 15 km langen **Bulvarı** und der parallel verlaufenden Uferstraße, seit 1961 nach den Ölarbeitern benannte Neftçilər prospekti, *neft* heißt Öl, nur wenige (in der Karte markierte) **Fußgängerunterführungen** gibt: u. a. am Teppichmuseum ㉔, am Four Seasons Hotel, am Puppentheater ⑳, an der Ecke zum Bülbül prospekti (zur Metro Sahil) und zwei weitere am Regierungspalast ⑱ (eine auf der Höhe des Hilton Hotels, eine vor dem Abşeron-Hotel). Man sollte nicht versuchen, die riesige Straße zu überqueren, denn hier wird schnell gefahren. Den Bulvarı kann man entlanggehen oder diesen mit einem **Leihfahrrad** (s. S. 118) erobern.

Die Namen der Straßen und die an jedem öffentlichen Platz zu bestaunenden Denkmäler zeugen von der Verehrung von Literaten wie Nizami Gəncəvi oder Dichtern wie Məhəmməd Füzuli.

Bei einsetzender Müdigkeit empfiehlt sich eine Taxifahrt. **Taxis**, vor allem die lilafarbenen mit Taxameter, gibt es wie Sand am Meer.

Das **Bussystem** ist kompliziert, aber durchaus nutzbar (siehe auch App-Empfehlungen auf S. 113). Leider sind die Busse jedoch oft voll.

Das **Heydər Əliyev Mərkəzi** ㊴ liegt etwas außerhalb und isoliert von anderen Sehenswürdigkeiten. Es ist am einfachsten mit dem Taxi zu erreichen. Auf dem Rückweg ist ein Zwischenstopp im **Museum für Moderne Kunst** ㊲ denkbar, das in etwa in der Mitte zwischen dem Center und der Altstadt steht. Die **Nachtklubs in Səbail** zwischen Flaggenplatz ㉖ und Bibiheybət sollte man ebenfalls mit dem Taxi oder Bus ansteuern.

◁ Vorseite: Die Uferpromenade (Bulvarı) wird von den Einheimischen „kaukasische Riviera" genannt

▷ Von oben ist der Unterschied zwschen islamischer Altstadt und moderner Neustadt gut zu erkennen

Ein Kurztrip nach Baku

1. Tag: die islamische Altstadt

Meist landen die Maschinen aus Westeuropa erst abends auf dem Heydər-Əliyev-Flughafen. Die Besichtigungstour wird daher wohl erst am Morgen des nächsten Tages beginnen. Nach einem Kaffee in der Altstadt, einem **Frühstück** bei Gloria Jean's (s. S. 73) außerhalb der Stadtmauer oder einem Brunch am **Fountains Square** 10, etwa bei Bazaar Delights (s. S. 73), bietet sich ein **Rundgang durch die Altstadt** an. Man beginnt am besten mit dem Besuch des **Jungfrauenturms** 1, dessen Stufen zu einer wunderbaren, wenngleich zugigen Aussichtsterrasse führen. Die imposante **Hacınski-Villa** 21 neben dem Turm ließ der Ölmagnat gleichen Namens errichten. Es folgt ein **Bummel durch die Gassen** vorbei an Wohnhausmuseen, Galerien, Moscheen und Karawansereien bis hin zum **Şirvanşah-Palast** 5, so wie im Stadtspaziergang auf S. 14 beschrieben. **Shoppingfans** finden innerhalb der Altstadtmauern viele authentische Souvenirs und Kunsthand-

EXTRATIPP

Baku von oben

Den besten kostenlosen Blick auf die Bucht inklusive Flame Towers 28 genießt man vom **Dağüstü park** (s. S. 86) aus. Einen fantastischen Panoramablick (allerdings ohne Flame Towers) bietet der 19. Stock des Hotels **Fairmont Baku** (s. S. 123) in den Flammentürmen (Café und Drinks). Den schönsten Blick auf die Altstadtgassen hat man von der **Aussichtsplattform des Jungfrauenturms** 1. Auch die Aussicht vom **Landmark Hotel** (Caspian Grill & Sky Bar, s. S. 124) ist fantastisch, dort kann man auf der Terrasse sitzen und herrlich frühstücken. Von hier sieht man nicht nur das Meer, sondern auch viel von der Stadt. Die sich um ihre Achse drehende **Bar 360** (s. S. 75) und das **Sky Grill Restaurant** (s. S. 69) im Hilton Hotel, bieten tolle Rundblicke, vor allem auch bei Nacht. Einen nicht weniger reizvollen Ausblick, jedoch aus kleiner Höhe, hat man von der Terrasse des Foodcourts im 2. Stock der **Park Bulvar Mall** (s. S. 84). Dort kann man sich mit Fast-Food-Snacks hinsetzen und die Gedanken schweifen lassen. Nicht das Meer, aber den Fountains Square von oben sieht man in einer lauen Sommernacht auf der Terrasse des **Dalida Restaurants** (s. S. 70).

002ba-hmj

werk, etwa bei Dastan (s. S. 80), bei Astaraçay (s. S. 82, Stand an den Old Gates) oder bei ABAD (s. S. 83) im früheren Hammam gegenüber vom Jungfrauenturm. Man kann, die **Museumsbesuche** eingerechnet, durchaus einen ganzen Tag in der Altstadt verbringen und (mittags oder) abends in einem der netten **Restaurants** wie Sehrli Təndir (s. S. 69), Qazmaq (s. S. 69) oder BURC qala (s. S. 68) aserbaidschanische Küche genießen. Wer russische Küche mag, darf Mari Vanna (s. S. 71) nicht verpassen.

Klubber steuern danach vielleicht den Mambo Beach Club (s. S. 77) oder Enerji (s. S. 77) an und machen die Nacht zum Tag.

Opern- und Klassikfreunde besorgen sich für den Abend noch Tickets online oder an der Abendkasse in der Oper 32 oder der Magomayev-Philharmonie 16. Gemütlich ausklingen lassen könnte man den Tag auch mit einer **Shisha** am Fuße des Jungfrauenturms im Teegarten und Restaurant Çay Bağı 145 (s. S. 18) oder im Malacannes (s. S. 69, mit dem Taxi erreichbar).

2. Tag: Paris am Meer

Liebhaber moderner **Architektur** werden am zweiten Tag direkt zum **Heydər Əliyev Mərkəzi** 39 aufbrechen wollen, am besten mit dem Taxi, da es sich etwas außerhalb befindet. Von dort zurück im Zentrum oder auch gleich am Morgen könnte man einen **Rundgang durch „Klein-Paris“** starten und am **Fountains Square** 10 beginnend an den **Ölboomvillen** vorbeiflanieren. Das Historische Museum bietet die einzigartige Gelegenheit, sich eine solches Juwel, in diesem Fall die **Tağıyev-Residenz** 12, einmal von innen anzusehen, den Prunk und die Pracht vermutet man von außen nicht. In der Nähe finden sich einige **gute Lokale** wie etwa das Firuza (s. S. 68), das Dolma (s. S. 74), das Paris Bistro (s. S. 74) oder Central Baku (s. S. 27).

Freunde der Kunst sollten sich danach das **Nationale Kunstmuseum** 17 nicht entgehen lassen. Leider gibt es in jener Ecke der Stadt kaum Gastronomie, sodass man vielleicht am besten hinter der Philharmonie vorbei zur Metrostation İçərişəhər und von da vielleicht in die Altstadt geht (Eingang über die Treppe hinter der Metro-Pyramide). Alternativ

Flanieren am Fuße des Jungfrauenturms 1

Der Flaggenplatz 26 *wartet mit der zweitgrößten Flagge der Welt auf*

schlendert man den **Bulvarı** entlang, bei dem es sich eigentlich um einen richtigen Park mit Kiosken und Cafés handelt.

Hier kommen auch die **Kleinen** auf ihre Kosten. Eine Eisenbahn fährt ein langes Stück zwischen der Park Bulvar Mall (s. S. 84) und der kleinen Flusslandschaft **Mini-Venedig** 22, die Eltern dürfen mitfahren! In Fake-Venedig angekommen, könnte man eine Gondel mieten und sich von einem stilechten (!) Gondoliere eine halbe Stunde durch eine blitzsaubere Lagune schippern lassen.

Noch ein Stück weiter erreicht man das spektakuläre **Teppichmuseum** 24, das nachgewiesenermaßen nicht nur Teppichfreunde erfreut. Die Architektur des Gebäudes und die Art, wie dieses Kulturgut präsentiert wird, sind einzigartig. Der angeschlossene Shop verfügt über eine schöne Auswahl an Büchern, Kleinteppichen, Postkarten und einen Baku-Corner-Stand (s. S. 83) mit Souvenirs, ein hübsches Restaurant mit Terrasse gibt es auch.

Unterquert man den Platz vor dem Teppichmuseum, erreicht man die Talstation des **Funikulars** 27. Die Standseilbahn bringt die Besucher in nur 10 Minuten zur **Allee der Märtyrer mit Ewiger Flamme** 29 und zum **Dağüstü park** (s. S. 86), in dessen Mitte eine spektakuläre Aussichtsterrasse thront, von der aus die Flame Towers 28 eine ungeahnte Mystik ausstrahlen.

Eine Stippvisite im 19. Stock des **Fairmont Hotels** (s. S. 123) ist unvergesslich. Das Restaurant befindet sich im Erdgeschoss, aber oben gibt es erschwinglichen Kaffee, Tee und kleine Snacks, Schwellenangst ist unnötig.

Wer möchte, geht die (in diesem Buch) in Anlehnung an das Vorbild in Odessa „Potemkinsche Treppe“ genannte Marmor-Freitreppe, die bei Nacht von unten beleuchtet wird, wieder hinunter. Über die sich anschlie-

004ba-hmj

ßenden Serpentinen erreicht man nach ca. 30 Minuten die Talstation. Hier könnte man sich im **Restaurant Chinar** (s. S. 70, neben der Talstation) mit panasiatischen Gerichten in berauschender Kulisse verzaubern lassen.

Disco-Freunde nehmen sich ein Taxi und lassen sich zu einem der **Nachtklubs von Səbail** bringen. Alternativ steigt man schon auf Höhe der alten Speicher hinter dem Flaggenplatz 26 aus und schlendert vorher noch durch **das Yarat Center** (s. S. 62), neben dem sich das mexikanische Restaurant Maya (s. S. 71) befindet.

3. Tag: Zeitreisen in das Land des Feuers

Um einen Eindruck von den historischen Hinterlassenschaften außerhalb der Stadt und von den einfacheren Stadtteilen zu bekommen, sollte man sich am dritten Tag gut stärken und dann mit Bus oder Taxi entweder in den Norden aufbrechen, um sich den **Atəşgah-Feuertempel** 42 oder die **Ewigen Feuer von Yanar Dağ** 44 anzusehen. Alternativ fährt man Richtung Bibiheybət im Süden. Es geht vorbei an der **Bibiheybət-Moschee** 40, deren Kuppelgewölbe in einem orange-türkisfarbenen Mosaik erstrahlt. Um die Moschee herum bietet sich dem Betrachter eine bizarre, unerwartete Szenerie. Das alte Hafenareal mitsamt der erst am Strand sichtbaren **ausrangierten Ölplattform** im Meer erinnert an die Zeiten, als Baku das Zentrum der Öl- und Schwerindustrie der Sowjetunion war. Und: James Bond war auch schon hier, einige Szenen aus „Die Welt ist nicht genug" wurden hier gedreht. Biegt man hinter der Moschee links ab, gelangt man zum Crescent Beach Hotel (s. S. 124), das direkten Zugang zum Şıxov-Strand 41, Liegen

Der Werbeslogan „Light your fire" gilt auch in Yanar Dağ 44

005ba-hmj

und Cocktails anbietet. Theoretisch kann man sogar zu der Ölpattform schwimmen!

Fährt man weiter, erreicht man nach einer knappen Stunde die Stadt **Ələt**, in deren unmittelbarer Nähe auf einem Hügel einige der 400 Schlammvulkane zu sehen sind, die Aserbaidschan in seinem über neun von weltweit elf existierenden Klimazonen reichenden Hinterland zu bieten hat. Der kleine Abstecher von Ələt dauert vielleicht 30 bis 40 Minuten.

Kurz hinter Ələt erreicht man die **UNESCO-Weltkulturerbestätte Nationalpark Qobustan** 45. Hier wandelt man auf den Spuren der Steinzeitmenschen und wähnt sich auf einem fremden Planeten. Zurück in Baku könnte man nach oder vor einem Dinner in einem der Restaurants des **Hilton** (s. S. 69) oder **Landmark Hotels** (s. S. 124) mit XXL-Panoramaaussicht (bis 23 Uhr) im **Altstadt-Hammam** (s. S. 87, Achtung: für Damen nur montags und freitags geöffnet) relaxen.

Musikliebhaber könnten im **Muğam Klub** (s. S. 79) dem echten aserbaidschanischen Muğam (s. S. 38) lauschen und dabei fürstlich speisen. Der Besuch des **Bakuer Marionettentheaters** (s. S. 79) ist ein märchenhaft orientalisches Vergnügen mit Verzauberungsgarantie. Leider werden die Stücke nicht täglich gespielt.

Das gibt es nur in Baku

- ***London Cab in Lila:*** *original Londoner Taxis inklusive Glasscheibe und Klimaanlage, von den Einwohnern liebevoll „badımcan" (Aubergine) genannt (s. S. 127).*
- *Der Granatapfel ist eines der Symbole des Lands des Feuers.* ***Kosmetik aus Granatapfelextrakt*** *(Buta, s. S. 81) gibt es nur hier. Sie ist hochwertig und nicht nur als Souvenir, sondern auch für den Eigengebrauch zu empfehlen.*
- ***Das größte Renaturalisierungsprojekt der Welt:*** *Innerhalb von zehn Jahren wird „die schwarze Stadt", der Stadtteil, in dem seit 1890 Bohrtürme und ölverarbeitende Industrie angesiedelt waren, umgewandelt in ein High-End-Wohn- und Arbeitsviertel namens „White City" (s. S. 105), Rekultivierung des Bodens und Meerblick inklusive.*
- *Einen* ***Palast des Glücks*** *14 verdankt die Stadt dem Ölbaron Murtuza Muxtarov, der seiner Frau diesen neogotischen Palast in einer unscheinbaren Nebenstraße baute und ihr damit eines der schönsten Gebäude der Stadt schenkte.*
- *Das* ***Miniaturbuchmuseum*** *6 mit mehr als 5000 Exemplaren. Die Bakuerin Zərifə Salahova hat aus ihrer Liebe zu kleinen Büchern einen Bibliophilentempel und das einzige private Museum dieser Art weltweit gemacht.*
- *Die* ***Heydər-Moschee*** *43 ist eine überirdische Schönheit und die* ***erste Moschee mit Rolltreppen.***
- *Die ausrangierte* ***Ölplattform als James-Bond-Kulisse*** *aus dem Film „Die Welt ist nicht genug" kann man heute noch vom Şıxov-Strand 41 aus bewundern.*
- ***Ein „singender Springbrunnen"*** *am Bulvarı, gegenüber vom Museumszentrum 19, überrascht die Passanten mit wunderbarer Klassik.*

Stadtspaziergang

> **Routenverlauf im Stadtplan**
> Der hier beschriebene Spaziergang ist mit einer farbigen Linie im Stadtplan eingezeichnet.

Idealer Ausgangspunkt für einen Stadtspaziergang ist der **Jungfrauenturm** ❶. Er steht direkt am Neftçilər prospekti und am Eingang zur islamischen Altstadt. Dem Taxifahrer sagt man am besten „Maiden Tower“, die Metro ist zu weit weg. Wer gut zu Fuß ist, sollte den Turm unbedingt hinaufsteigen, denn am Ende der Wendeltreppe wird man mit einer spektakulären Terrasse mit Blick auf die gesamte Skyline von Baku belohnt.

Es geht links die Asəf Zeynallı küç. hinunter. Hinter der auch von innen (Kopftuch!) sehenswerten **Juma-Moschee** ❾ biegt man rechts in die Kicik Qala küç. ein und dann in die zweite Gasse rechts, die immer noch Kicik Qala küç. heißt. Es geht sofort wieder links hoch und dann durch das Gassengewirr rechts weiter. Man folgt der Beschilderung zu dem Atelier- und Wohnhaus-Museum von **Tahir Salahov** ❹ und findet sich an einem grünen Treppenteppich wieder, der zu einem Hotelaufgang gehört, hier geht es nach rechts.

Nach einem lohnenswerten Besuch des Ateliers schlendert man durch die İljas Əfəndiyev küç. rechts herunter zur frisch sanierten **Beyerler-Moschee** und biegt dort nach links ab, dann rechts weiter, dann wieder links. An der nächsten Kreuzung geht es links weiter. Man kommt wieder auf die große Mirzə Mənsur küç., die man rechts hinunter weitergeht. Links sieht **man eine der ältesten Moscheen der Welt** (Mohammed-Moschee) mit dem **Minarett** (Synik Gala) aus dem Jahr 1078. Man biegt in die nächste Gasse links ab, dann noch einmal rechts und zweimal links, bis man am unteren Ende der Straße links das Plakat des **Marionettentheaters** (s. S. 79) sieht. Weiter geht es rechts in die Asəf Zeynallı küç. bis zum Ende der Altstadtmauer, an der der **Qasim Bey Hammam** steht, der unschwer an den Kuppeln zu erkennen ist. Jenseits der Mauer thront das Four Seasons Hotel. Es geht rechts den langen Weg an der Stadtmauer vorbei an Kuppeln und Wohnhäusern, bis man eine kleine grüne Oase in Form eines Platzes mit

006ba-hmj

< In der Altstadt spielt der Liebesroman „Ali und Nino“ (s. S. 114), der 2016 hier verfilmt wurde

einem **Vagif-Denkmal** erreicht, an dem es ein Café und Schatten spendende Bäume gibt. An der **Yay Gallery** (s. S. 62) vorbei geht man die Stufen rechts hoch.

Dort taucht auf der linken Seite das **Miniaturbuchmuseum** 6 auf, an dem man nicht vorbeilaufen kann und sollte, und wenn man nur einen kurzen Blick hineinwirft ... Rechts folgt der **Şirvanşah-Palast** 5, auf dessen Vorplatz bzw. vor dessen Eingang man eines der schönsten Fotomotive findet. Vom Aufgang sieht man den alten Palast und die neuen **Flame Towers** 28 dahinter.

Für den Besuch des Palastes sollte man ca. 1 bis 1½ Stunden einplanen. Nach dem Verlassen geht es ein Stück geradeaus, dann biegt man rechts in die Kiçik qala ein und lässt sich beim Bummeln an der Stadtmauer entlang von den hübschen Häusern, Cafés und Restaurants verzaubern. Man folgt der Straße bis zu den berühmten **Stadttoren** (Old Gates), durch die man das Gassenlabyrinth wieder verlässt. Man findet sich am äußersten Ende des **Fountains Square** 10 wieder und sieht auf der rechten Seite das **Nizami-Literaturmuseum** 11. Daran vorbei biegt man an der armenischen Kirche rechts in die Nigar Rəfibəyli küç. und schlendert an der ehrwürdigen Buchhandlung Akademkniga (s. S. 81) vorbei bis zur nächsten Kreuzung, an der man sich endgültig in Paris wähnt. Man biegt am McDonalds, über dem sich eine der schönsten Terrassen der Stadt erstreckt (Dalida, s. S. 70, der Fahrstuhl befindet sich links um die Ecke) kurz nach links ein, dann wieder nach rechts und erreicht die Nizami küç., eine der schönsten und ältesten Straßen der Stadt. Es geht vorbei

007ba-hmj

an den herrschaftlichen Wohnhäusern aus der Ölboomzeit. Man achte auf die *Şushebend* (s. S. 21), die typischen Holzbalkone. Die Səməd Vurğun küç. und den Bülbül prospekti unterquert man und folgt der Straße bis zur **Oper** 32, die plötzlich und unverhofft in feinstem Jugendstil und erhabener Größe vor einem steht. Hier biegt man rechts in den Behbudov prospekti ab und sieht links das neoklassizistische Musik-Theater. Auf der rechten Seite folgt die gigantische **Axundov-Bibliothek** 33, an der man vorbeimarschiert. Hinter dem Platz geht es rechts in die Üzeyir Hacıbəyov

Baku entwickelt sich derzeit zu einem touristischen Hotspot

küç. und danach links in die Səməd Vurğun küç. An der Uferstraße biegt man links ab und spaziert bis zur Unterführung auf Höhe des Bülbül prospekti (oder abweichend weiter bis zum Azadlıq Square (18) mit dem Regierungsgebäude. Dort befindet sich auch eine Unterführung, die zum Meerufer führt). Es geht rechts herunter durch den fantastischen Bulvarı-Park mit spektakulärer Sicht in alle Richtungen. Am Anleger lockt ein Ausflugsschiff. Am **Abdulla-Şaiq-Puppentheater** (20) angekommen, geht es durch die Unterführung zurück über die Razulzada küç. in die Fußgängerzone Richtung Fountains Square vorbei am „Grillkönig"-Kiosk, an dem es deutsche Würstchen zu verzehren gibt. Es geht rechts in die Əlizadə küç.

008ba-hmj

Dort biegt man nach Überqueren der nächsten Kreuzung wieder rechts ab und erreicht die **Tağıyev-Villa** (12) mit dem Historischen Museum, der früheren Residenz des Ölbarons Tağıyev. Weiter geht es links zurück zum Fountains Square, wo der Spaziergang endet. Am besten nimmt man sich an dem alten Stadttor (Old Gates) vor dem Nizami-Literaturmuseum ein lilafarbenes Taxi, um sich weiter fortzubewegen.

Altstadt (İçəri Şəhər)

Das Besondere an der noch immer von den Originalmauern umsäumten islamischen Altstadt aus dem 11. und 12. Jh. ist, dass sie fast gänzlich erhalten geblieben ist. Der UNESCO-Welterbestatus wurde der gesamten, am besten zu Fuß zu erkundenden historischen Innenstadt mit dem Jungfrauenturm (1) *und dem Şirvanşah-Palast* (5) *verliehen. Willkommen im Orient!*

(1) Jungfrauenturm (Qız Qalası) ★★★ [D4]

Seit Jahrhunderten ranken sich Mythen und Legenden um den **eigenwillig aussehenden Rundturm aus Ziegelsteinen.** Als Baumeister taucht auf einer Inschrift im oberen Teil des Turms der Name Mas'ud ibn Davud auf. Der Zeitraum der Erbauung wird mit Ende des 12. Jh. bis um 1300 angegeben, wobei es eine Vorgängerbebauung und verschiedene Restaurierungsphasen gab. Errichtet wurde der mysteriöse Verteidigungsturm

Der Jungfrauenturm stand ursprünglich direkt am Wasser

der verbreitetsten Theorie zufolge von einem Khan für dessen Tochter, von dem diese sich letztlich herunterstürzte, weil ihr Vater sie verheiraten wollte.

Der Eingang in einer Höhe von 14 Metern konnte vermutlich nur mit mobilen Wehrkonstruktionen erreicht werden, die im Belagerungsfall schnell entfernt wurden. Der Namenszusatz „jungfräulich" bezog sich vermutlich auf die Uneinnehmbarkeit des Turms, dessen Mauern fast fünf Meter dick sind, und nicht auf die Jungfräulichkeit der Tochter des Khans.

Um 1900 soll er als **Leuchtturm** und nach aserbaidschanischen Quellen zu urteilen in früherer Zeit auch als **Feuertempel** gedient haben. Erst 1960 wurden Zwischendecken eingezogen, um das sagenumwobene Bauwerk der Öffentlichkeit zugänglich machen zu können.

Heute führt eine Treppe bis zur **Aussichtsplattform**, von der aus man einen sagenhaften Blick auf die Altstadt hat. Von 2011 bis 2014 war der Turm zu Restaurierungszwecken eingerüstet worden, im gleichen Atemzug erhielt ein Forscherteam des Fachbereichs Baugeschichte der TU Wien den Auftrag, eine Baudokumentation des Turms anzulegen und das Nationalheiligtum mittels Laserscanner zu vermessen. Das dreißig Meter hohe Rätsel konnte so in Teilen gelöst werden. Da der Rundturm und die Schildmauer aus derselben Bauphase zu stammen scheinen, ist die jahrhundertealte und von aserbaidschanischen Wissenschaftlern tradierte Annahme, der Turm stamme aus dem 5. oder 6. Jh., nunmehr widerlegt. Die spektakulären Forschungsergebnisse werden noch 2018 in einer Baumonografie veröffentlicht.

› Neftçilər prospekti, Metro: İçərişəhər, www.icherisheher.gov.az, tägl. 9–18 Uhr, Tel. 4923261, Eintritt: 10 ₼

2 Marktplatz (Bazar) ★★ [D4]

Die Ruinen des Marktplatzes am Fuß des Jungfrauenturms wurden erst Anfang des 19. Jh. entdeckt und stammen aus dem 17. Jh. Die imposante und gut erhaltene **Säulenarkade** bot

009ba-hmj

Der historische Marktplatz mit der imposanten Säulenarkade

KLEINE PAUSE

Çay Bağı 145
Die wunderbar sanierte, viergeschossige Stadtvilla im Herzen der Altstadt ist **einer der magischsten Orte der Stadt.** Im Erdgeschoss schmiegt sich eine Veranda mit Terrasse romantisch an die Kuppeln des früheren Hammams. Man sitzt umgeben von grünen Bäumen mit Blick auf den Jungfrauenturm im Teegarten und bestellt Tee mit Gebäck und/oder Shisha. Alle vier oberen Etagen inklusive der Dachterrasse sind wie ein gemütliches Wohnhaus mit Sofas, Tischen, Sesseln sowie vielen Büchern und Teppichen eingerichtet. Die hausgemachten aserbaidschanischen und internationalen Gerichte werden rund um die Uhr frisch zubereitet. Abends leuchtet die Altstadt in dem warmen Licht, das die uralten Straßenlaternen verbreiten. Hier kann man sein.

1 [C4] **Çay Bağı 145,** Kiçik qala 3, Metro: İçərişəhər, https://de-de.facebook.com/caybagi145, 24 Stunden geöffnet

den dort Handel treibenden Seidenstraßen-Kaufleuten Schatten. Die auf diesem Areal ebenfalls ausgegrabene **Moschee** und die verschiedenen **Grabsteine** und **Sarkophage** sind teilweise über 500 Jahre alt. Die Seidenstraßen fingen in China an und verliefen durch Indien, Zentralasien, Afghanistan, den Iran und den Kaukasus weiter nach Europa. Baku war der wichtigste Hafen am Kaspischen Meer. Die Waren wurden aus dem Osten per Schiff dorthin und dann weiter mit Kamelen durch den Kaukasus transportiert. Links neben dem Marktplatz befindet sich ein alter **Hammam,** der in ein schönes **Souvenir-Geschäft** (ABAD, s. S. 83) umgewandelt wurde.

› Neftçilər prospekti, Metro: İçərişəhər

3 Karawanserei Buchara (Karvansarayı Buxara) ★ [D4]

Die ehrwürdigen Mauern der auf einem achteckigen Grundriss entworfenen Karawanserei Buchara boten den Händlern und Tieren, die auf einer der über Baku führenden Seidenstraßen unterwegs waren, Quartier und Schutz. Diese ist eingeschossig und beherbergt heute ein Restaurant. Die fensterlosen, zum Innenhof hin gelegenen Arkadennischen dienten früher als Schlafplatz. Heute kann man hier gemütlich im Schatten sitzen und Tee oder Kaffee trinken oder auch nur einen Blick hineinwerfen, abends gibt es Livemusik.

Warnung: Die Speisen sind in Ordnung, aber nach und nach wird immer mehr aufgetischt, was man gar nicht bestellt hatte, sehr wohl aber bezahlen muss.

Der Brunnen erinnert noch an die Zeit, als durstige Menschen und Kamele hier auftankten.

› Qüllə küç. 2, Metro: İçərişəhər, Tel. 4926668, tägl. 12–24 Uhr

4 Atelier Tahir Salahov (Studiya Tahir Salahova) ★★ [C4]

Mitten in der Altstadt taucht man in eine fantastische Künstlerwelt ab. Das **Geburtshaus und Atelier eines der bekanntesten Künstler der Sowjetunion** lohnt einen Besuch schon allein wegen des **Triptychons „Land des Feuers“.** Seit 2012 kann man einen Blick hinter die Kulissen werfen. Fast 600 Bilder hat Salahov seiner Heimatstadt Baku geschenkt, sie werden in Wechselausstellungen gezeigt. Auf unzähligen Fotos sieht man ihn in erlauchter Gesellschaft. Es ist, als wäre er gerade aus der Tür gegangen, das Mobiliar

Der Jahrhundertmaler Tahir Salahov – For You, Humanity!

Wenn Rasim Babayev der bekannteste Vertreter der unabhängigen Abşeron-Künstlergruppe war, dann gilt der heute 89 Jahre alte, in Baku geborene, aber seit seinem Studium in Moskau lebende Maler Tahir Salahov als der berühmteste sogenannte Staatskünstler Aserbaidschans. Er studierte von 1945 bis 1950 am Azimzade Art College in Baku und zog dann nach Moskau. Nach seinem Abschluss an der Surikow-Hochschule für Malerei, Bildhauerei und Architektur schuf er in den 1960er-Jahren mit seinen ungeschönten, realistischen Bildern mit harten Farbkontrasten und typisch aserbaidschanischen Sujets eine neue Stilrichtung namens „surowy style", was gleichbedeutend ist mit „ernster, strenger Stil".

Anstelle der erzählenden, bodenständigen Variante des Sozialistischen Realismus schwebten ihm monumentale Kompositionen mit dramatischen Schwarz-Weiß-Kontrasten vor, wobei ihm die Wiedergabe erhabener atmosphärischer Stimmungen wichtig war. Der ausgesprochen vielseitige Maler schuf in dieser Zeit u. a. eigenwillige Bilder mit Motiven von Erdölarbeitern in Baku und nahm auf diese letztlich sehr patriotische Weise den „homo sovieticus" ins Visier; Salahovs Vater hatte seinerzeit selbst auf einer Plattform gearbeitet. Viele der dem Realismus verpflichteten Porträtbilder des körperlich hart arbeitenden, introvertierten Proletariers mit gegerbter Haut, zerfurchten Händen und abgelaufenen Schuhen ähneln vom Stil her denen von Alexander Dejneka. Aus dem Jahr 1961 stammt ein XXL-Gemälde mit dem Titel „For You, Humanity", auf dem ein Mann und eine Frau mit einer Lichtkugel in der Hand in den Weltraum zu fliegen scheinen. Das Bild ist so eindrucksvoll, dass es 2011 auf einer aserbaidschanischen Sonderbriefmarke verewigt wurde. Zu sehen ist es im Nationalen Kunstmuseum **17**.

Als großer Bewunderer der farbenfrohen Meisterwerke von berühmten spanischen Malern wie El Greco, Velazquez, Ribiera und Goya schuf er einen eigenen „Spanien-Zyklus", in dem er sich wie seine Vorbilder auf drei oder vier Primärfarben beschränkte, die den Bildern eine expressive, dramatische Aura verleihen. In seinen frühen Jahren begegnete er Pablo Picasso, der in ihm ein großes Talent witterte. Salahov stellte in seinen Bildern sogar Bezüge zu Picasso her. „Picassos Palette" heißt ein Werk, „Pablo Picasso. Dedication" findet sich als Beschreibung eines großen Wollteppichdesigns.

Zu seinem umfangreichen Werk zählen auch Porträtbilder, z. B. von Qara Qarayev, Dmitri Schostakowitsch oder Mstislav Rostropoviç. Auf die Frage, ob ihm die Auftragsarbeiten für die Machthaber schwergefallen seien, antwortete Salahov in einem Interview mit ArtGid 2013: „Man muss sein Handwerk trainieren. Diese Arbeiten eigneten sich perfekt dazu." Das Besondere an Salahov ist, dass er in verschiedenen Stilen malte. Man findet ein bisschen Courbet, Gauguin und Cézanne, aber auch Edward Hopper in seinen Gemälden. 2007 schuf Salahov ein Triptychon, das nicht nur in seiner Heimatstadt Baku für Furore sorgte. Unter dem Sujet „Land des Feuers" entstan-

den Einzelbilder von einer Ölplattform, vom Jungfrauenturm **1** *und von dem Feuertempel Atəşgah* **42**. *Die malerischen Brände und Flammen spuckenden Plattformen in Kobaltblau und Knallrot sind allerdings etwas gewöhnungsbedürftig.*

Salahov gilt als berühmtester noch lebender Maler der Sowjetzeit. Neben unzähligen Auszeichnungen wurden ihm auch allerlei Ämter zuteil. Zeitweise war der „Apparatschik der Palette", wie der französische Schriftsteller Olivier Rolin ihn nannte, Deputierter des Obersten Sowjets. Seinen Einfluss nutzte er nicht nur einmal, um befreundeten Künstlern zu helfen, die in politische oder wirtschaftliche Schwierigkeiten geraten waren. Auch jungen Künstlern verschaffte er über die Akademie der Künste Gehör und eine finanzielle Absicherung. Bis heute ist er Vizepräsident der Russischen Akademie der Künste und lebt, zum Leidwesen der Bakuer, in Moskau. Für das Kremlballett hat er 2017 das Stück „1001 Nacht" konzipiert, mit dem er auch schon im Heydər Əliyev Mərkəzi **39** *aufgetreten ist. Auch hat er sein Geburtshaus* **4** *in der Altstadt für Besucher geöffnet. Das wunderbare Refugium samt Atelier lohnt einen Besuch.*

010ba-hmj

ist noch im Originalzustand erhalten. Und in der Küche wird Tee gekocht, manchmal auch für Besucher ...

› İljas Əfəndiyev küç. 55, 3. Gasse, geöffnet: tägl. 10–18 Uhr, Eintritt frei

5 Palast der Şirvanşahs (Şirvanşahlar Sarayı) ★★★ [C4]

Zu dem im Jahr 2000 zum UNESCO-Weltkulturerbe ernannten, über drei Ebenen angelegten Palastareal der muslimischen Şirvanşah-Dynastie gehören nicht nur der **spektakuläre Wohnpalast**, sondern auch das **Mausoleum**, die **Schah-Moschee**, das **Grabmal** (die Türbe) des damaligen Hofastronomen Seyid Yahya Bakuvi, das **Murad-Tor**, der **Divanxana** (Versammlungshaus), die **Key-Qubad-Moschee** und das **Badhaus**.

Als im Jahr 1411 die Hauptstadt des Staates Şirvan von Şamaxı nach Baku verlegt wurde, begannen islamische Baumeister mit dem Bau eines **Palastes**, den Schah Ibrahim I. in Auftrag gegeben hatte. Der zweigeschossige, vor allem durch seine ausgewogenen Proportionen bestechende Palast verfügt über 25 Zimmer und ist vollständig saniert worden. Im unteren Stockwerk wohnte das Dienstpersonal. Dort ist jetzt ein **Museum der Geschichte der Stadt und ihrer Dynastien** untergebracht. Ein Modell der Altstadt von Baku kann per Knopfdruck beleuchtet werden.

Der **Divanxana**, ein achteckiger, ausgelagerter Kuppelbau mit einer Arkadenreihe, in dem Versammlungen abgehalten wurden, ist der älteste Teil der Anlage.

Salahovs Triptychon „Land des Feuers" gibt es als Teppichmotive im Teppichmuseum **24**

Sehenswert sind die **Eingangsportale** des Palastes, des Mausoleums und der Moschee. Die Kuben, Kanten, Bögen und Zacken des Palastes sind bis heute ästhetisches Vorbild für Prestigebauten in Baku. Die in aller Welt für ihr Können gerühmten Steinmetze haben hier wahre Wunderwerke vollbracht. Kopfüber wurden die Ziselierungen und Aussparungen in den Sandstein des rechteckigen, über den Palast luftig aufragenden Portals, die sogenannten *muqarnas* (Stalaktitengewölbe), gefräst. Dabei handelt es sich um kunstvoll aneinandergereihte, spitzbogenartige Elemente in luftigen Höhen, meist in den Übergängen zwischen Wänden und Decken bzw. Kuppeln, die Mitte des 10. Jh. aus der persischen Architektur übernommen und in islamisch geprägten Gegenden der Welt verbreitet waren und so auch nach Baku gelangten.

Der Şirvanşah-Palast ist ein Meisterwerk der aserbaidschanischen Steinmetzkunst

KURZ & KNAPP

Architektonische Besonderheiten

- **Ağlay** ist ein sandfarbener, hochwertiger Kalkstein, der aus Steinbrüchen von der Halbinsel Abşeron stammt und Baku eine überirdische Ebenmäßigkeit verleiht. Nahezu 90 % aller Bauten haben eine Ağlay-Fassade.
- **Şushebend** sieht man in den Straßen von Baku oft. Die gigantischen, fein geschnitzten, südländisch wirkenden Holzveranden, z. B. an der Philharmonie 16 oder in der Altstadt, wurden als zusätzlicher Wohnraum genutzt.
- **Səbəkə:** Die hübschen Buntglasfenster in Holzrahmung sind ein Stilelement aserbaidschanischer Baukunst und meist mit Blumenmustern ausgestaltet.

012ba-hmj

☐ *Garantiert ohne Hidschab und Kopftuch: aserbaidschanische Frauen kleiden sich westlich*

Das Mitte des 15. Jh. errichtete **Mausoleum**, „diese lichte Gruft für seine Mutter und seinen Sohn“, erbaute laut Portalinschrift ein Baumeister namens „Ali“ für den Şirvanşah Chalilullah auf rechteckigem Grundriss und versah den Bau mit einer hexaedrischen, außen mit einem Sternenhimmel verzierten Kuppel. Auf der untersten Ebene befindet sich der Hof mit den noch erhaltenen **Überresten des Bäderkomplexes** um eine Wasserzisterne. Lediglich die Kuppeln wurden erneuert.

› Böyük qala 46 küç., www.icherisheher.gov.az, geöffnet: tägl. 10–18 Uhr, Eintritt: 8 ₼

6 Miniaturbuchmuseum (Miniatür Kitab Muzeyi) ★★ [C4]

In einer hübschen Villa in der Nähe des Şirvanşah-Palastes 5 ist das einzige private Miniaturbuchmuseum der Welt untergebracht. In unzähligen Vitrinen wird die Sammlung von Zarifa Salahova gezeigt. Hier schlummern **fast fünftausend Schätzchen aus mehr als 70 Ländern** und in allen nur denkbaren Sprachen, im Archiv lagern noch weitere 2000 Werke. Am Welttag des Buches im Jahr 2002 eröffnete die heute 85 Jahre alte Grande Dame der aserbaidschanischen Literaturwelt das Museum. Angefangen zu sammeln hatte die ausgebildete Lehrerin und Schwester des bekannten Künstlers Tahir Salahov (s. S. 19) schon 1982.

Es ist nicht verwunderlich, dass viele der Miniaturen aus der früheren Sowjetunion stammen: Dort gab es einen großen Markt für diese liebevoll gestalteten kleinen Ausgaben berühmter Werke. Eine Mini-Ausgabe von Qurban Səids Bestseller „Ali und Nino“ (s. S. 114) steht im Regal mit der aserbaidschanischen Flagge. Mehr als 150 Titel hat Salahova in ihrem eigenen Verlag „Indigo“ herausgegeben, u. a. einen Band mit den Reden von Heydər Əliyev. Aserbaidschanische Bücher aus der Zeit vor 1991 sind noch in kyrillischer Schrift gedruckt, nach der Unabhängigkeitserklärung des Landes in lateinischer. Salahovas Tochter Suad Aladdin führt das Werk ihrer Mutter fort.

Einzigartig ist ein Exemplar mit Fidel Castros Reden, die der damalige Botschafter für sie vor Ort mitschnitt und die Salahova später zwischen zwei Mini-Buchdeckel bugsierte. Bei einem Besuch bei Castro ließ sie die Exemplare 2011 von ihm signieren. Deutsche Schriftsteller sind auch vertreten, aus historischen Gründen vornehmlich Titel aus der früheren DDR. Erich Honecker meldet sich aus dem fernen Ost-Berlin, Dr. Sorge funkt aus Tokio ...

Wenn man sich nun fragt, wie man eine solche Leidenschaft finanziert, dann hört man, die Sammlerin hätte sich in ihrem ganzen Leben kein teures Paar Schuhe gekauft, sondern all ihr Geld in kleine Bücher gesteckt. Einige Exemplare hat sie auch doppelt. Bringt man selbst ein Exemplar mit, darf man sich aus diesem Fundus eines aussuchen und mit nach Hause nehmen.

› Qala küç. 1/67, Metro: İçərişəhər, http://minibooks.az, Tel. 4929464, geöffnet: Di./Mi. und Fr.–So. 11–17 Uhr, Eintritt frei

7 Synyk-Gala-Minarett (Synyk Gala minarə) ★★ [C4]

Das Minarett gehört zur angrenzenden, klein und gedrungen wirkenden **Mohammed-Moschee**, die im Jahr 1078 von Baumeister Muhammed ibn Abubekr errichtet wurde. *Synyk* bedeutet übersetzt „zerbrochen", da der Turm 1723 von der Armee Peters des Großen bei einem Bombardement stark beschädigt wurde. Der Turm einer der ältesten Moscheen der Welt diente der Überlieferung nach als Wachturm, als der Jungfrauenturm 1 noch nicht existierte. Ein Koranspruch in kufischen Buchstaben ziert das Minarett des sich nach oben verjüngenden Ziegelbaus. Meist ist die Moschee geschlossen. Sie wird angeblich mit Spendengeldern aus Katar unterstützt und wohl aus diesem Grund bewacht.

› Mirzə Mənsur küç. 42, Metro: İçərişəhər

8 Wohnhaus von Vagif Mustafazadə (Vaqif Mustafazadənin ev muzeyi) ★ [C4]

Eine Bronzeskulptur an der Hausfassadenecke weist den Weg zum Eingang. Der Vater des Muğam (s. S. 38) kam aus einer Zwei-Zimmer-Wohnung in der Altstadt von Baku. Eigentlich aber kam er von einem anderen Planeten. Seine Liebe zum Jazz kultivierte er in seiner Kindheit und Jugend in den 1950er-Jahren, als er heimlich BBC und Voice of America hörte. Unter Stalin waren sowohl Jazz als auch **Meyxana**, der rhythmisch-poetische Gesang der Einheimischen, verboten.

Mustafazadə konnte schon mit drei Jahren Klavier spielen, später studierte er am Aserbaidschanischen Konservatorium Jazz und begründete schließlich den **Muğam.** In diese Musikrichtung fließen klassische und traditionelle Elemente der aserbaidschanischen Improvisations- und Volksmusik und Jazz-Rhythmen mit ein. Bis zu seinem ersten Auftritt außerhalb der Sowjetunion im Jahr 1978 vergingen viele Jahre, in denen er den Muğam in allen Teilrepubliken bekannt machte.

Seine beiden Töchter traten in seine Fußstapfen, als er 1979 im Alter von 39 Jahren unerwartet auf einer Bühne in Taschkent starb. **Aziza Mustafazadə** wird in dem Film „Princess of Jazz. Die Sängerin und

Pianistin Aziza Mustafazadə", der 2011 im Hessischen Rundfunk lief und von Alexander Stenzel 2010 produziert wurde, porträtiert. Die Art, wie sie Scat-Gesang mit Jazz-Kompositionen verbindet, gilt als futuristisch und sehr innovativ. Die orientalische Schönheit lebt seit 1989 in Mainz und tritt ab und an in Baku auf. Die Alben „Dance of Fire" oder „Jazziza" beleuchten ihr Schaffen. Die Wohnung ihres Vaters bietet einen Blick hinter die Kulissen dieser musikverrückten Familie.

› Wohnhaus von Vaqif Mustafazadə, V. Mustafazadə küç 4, Apt. 4, Metro: İçərişəhər, www.musicmuseum.az, geöffnet: Di.–So. 11–18 Uhr, Eintritt frei

063ba-fo©photoaliona, stock.adobe.com

Kleine Moscheen wie die Juma-Moschee gibt es auch in der Altstadt, die größeren jedoch sind außerhalb zu finden

9 Juma-Moschee (Cumə Məscidi) ★★ [C4]

Die **Freitagsmoschee** steht mitten im historischen Zentrum, sodass jeder Besucher früher oder später an ihr vorbeikommt. In ihrer heutigen Form wurde sie mit den finanziellen Mitteln des Bakuer Philanthropen Haji Dadaşov im Jahr 1899 auf den Trümmern eines zoroastrischen Feuertempels errichtet. Einer Inschrift zufolge befand sich an diesem mystischen Ort schon im 12. Jh. eine zum Şirvanşah-Palast 5 gehörende Gebetsstätte.

Das aufwendige **Minarett** hinter der Moschee wurde 1437 gebaut. Die in der schlichten Farbkombination hellblau und beige gestaltete Kuppelbemalung wird von einem imposanten Lüster konterkariert. 25 Jahre lang, von 1967 bis 1992, war in dieser bei den Einheimischen sehr beliebten Moschee das nationale Teppichmuseum untergebracht, bevor es in das Museumszentrum 19 und schließlich in das neue Teppichmuseum 24 umzog.

› Asəf Zeynallı küç. 49, Metro: İçərişəhər

KLEINE PAUSE

Süße Erinnerungen

Sweet Memories ist der Name eine zauberhaften kleinen Cafés neben der Juma-Moschee 9. Hier gibt es Kaffee, Tee, leckere hausgemachte Kuchen und Baklava (Gebäck) nach original aserbaidschanischen Rezepten. Man sitzt entweder drinnen an kleinen Bistrotischen oder draußen unter einem Schatten spendenden Baum.

2 [C4] **Sweet Memories,** Asəf Zeynallı küç. 51/4, Metro: İçərişəhər, www.facebook.com/sweetmemoriesbaku, tägl. 10.30–22 Uhr

Ölboombauten in Downtown

Ein wenig Paris am Kaspischen Meer findet man in dem konzentrischen Kreis, der sich um die islamische Altstadt *(s. S. 16)* *gelegt hat. Man schlendert durch Straßenzüge, deren erhabene Gleichförmigkeit immer wieder von exzentrischen Prachtbauten der früheren Ölbarone aufgebrochen wird. Und dann taucht auch noch Jugendstil auf ...*

10 Fountains Square (Fəvvarələr meydanı) ★★ [C3]

Der **beliebteste Grünflecken der Stadt** entstand erst Ende des 19. Jh., als der große öffentliche Platz der damaligen „Vorstadt" vor allem für Aufmärsche genutzt wurde. Es ist dem aserbaidschanischen Architekten Qasim Bey Hajibabayov zu verdanken, dass der auch heute von echten Bakuern noch oft „Parapet" („Einfriedung") genannte Raum außerhalb der jahrtausendealten Stadtmauern Teil einer raffinierten Stadtplanung wurde. Die angrenzenden Karawansereien, das Gebäude des Nizami-Literaturmuseums 11, die Georg-der-Erleuchter-Kirche, Bibliotheken, Schulen, Hotels und herrschaftliche Wohnhäuser mit Beletage wurden zwischen 1868 und 1871 errichtet.

Die Aufwertung eines neuen Zentrums gebot daran anschließend ein neues Parkkonzept für die freie, als Fußgängerzone ausgelegte Fläche. In den 1930er-Jahren wurde der Platz in zwei Hälften unterteilt und mit **Schatten spendenden Bäumen** und einer **Vielzahl von Springbrunnen** ausgestattet. 1933 entstand der am westlichen Ende, dem Azərbaycanı prospekti, gelegene **Pressepalast**, den man unschwer an den Insignien des Konstruktivismus erkennen kann: rundgeführte Balkone, lange Fensterbänder, Dachgarten und Stelzen im Erdgeschoss und viel Beton. Das inzwischen sanierte Flaggschiff gilt bis heute als **eines der Meisterwerke der sowjetischen Avantgarde.** Viele Bauten aus dieser Zeit wurden abgerissen, das elegante schwarz-weiße Pflaster des Platzes gibt es erst seit 2016.

› Metro: Sahil oder İçərişəhər

Auch am Fountains Square gibt es einen „Grill König" *(s. S. 72)* *mit deutschen Bratwürstchen*

013ba-hmi

EXTRATIPP

Berliner Buddy Bear

„Wir müssen uns besser kennenlernen, dann können wir uns besser verstehen, mehr vertrauen und besser zusammenleben." Das ist das Motto der Aktion „United Buddy Bears", die für Toleranz in der Welt wirbt und im Jahr 2001 in Berlin ins Leben gerufen wurde. Jeder Buddy Bear wird individuell von einem Künstler eines Landes gestaltet. Viele deutsche Botschaften haben einen der zwei Meter großen, die Arme hochreißenden Bären für wohltätige Zwecke (u. a. für UNICEF) ersteigert. Bär Nummer 1693 wurde 2017 quasi nackt ans Kaspische Meer geflogen und vor Ort von der Künstlerin Güller Hashimova mit aserbaidschanischen und deutschen Symbolen bemalt – ein erstklassiger Selfie-Spot.

●3 [D2] **Berliner Buddy Bear**, Nizami küç. 69, Metro: Sahil, www.buddy-baer.com

11 Nizami-Literaturmuseum (Nizami Gəncəvi adına Milli Azərbaycan ədəbiyyatı muzeyi) ★ [C3]

Das weiße Schmuckkästchen mit der imposanten, abends hell erleuchteten Arkadenreihe im zweiten und dritten Stock ist ein echter Hingucker. In den Spitzbögen der prächtigen Loggia im ersten Stock sind die **Skulpturen der bekanntesten Dichter Aserbaidschans** zu finden, von Füzuli (Dichter 15. Jh.) über Molla Pənah Vaqif (Lyriker und Staatsmann, 18. Jh.), Mirzə Fətəli Axundov (Aufklärer und Schriftsteller, 19. Jh.), Xurşidbanu Natəvan (Dicher, 19. Jh.) bis hin zu Cəfər Cabbarlı (Dichter und Dramaturg, Anfang des 20. Jh.) und Cəlil Məmmədquluzadə (Satiriker, Ende des 19. Jh.).

Der Namensgeber **Nizami**, der im 12. Jh. wirkende „aserbaidschanische Goethe", thront auf einem eigenen Denkmal auf dem Platz gegenüber, von wo er das Tun seiner Nachfolger nachdenklich zu verfolgen scheint.

Die gut erhaltenen Exponate führen den Besucher in eine fremde Welt, in der Literaten das höchste Ansehen genossen. Der umfangreiche Fundus reicht von feuerfesten **Glaskannen** bis hin zu **Modell-Karawanen, Gemälden** und **Tagebuchaufzeichnungen.** Einzigartig sind die **Originalausgaben des Satiremagazins Molla Nəsrəddin,** das der aserbaidschanische Autor Cəlil Məmmədquluzadə Anfang des 20. Jh. gründete, als Aserbaidschan Teil des russischen Zarenreichs war. 1931 verbot Stalin die in arabischer Schrift erscheinende, Korruption, religiöse Dogmen und Snobismus karikierende Zeitschrift.

Liebend gerne würde man das eine oder andere Foto machen, aber das ist leider nicht erlaubt. Kaum ein Besucher wird sich die detailversessenen Ausführungen der zur Seite gestellten Russisch sprechenden Babuschka oder der Englisch parlierenden jungen Dame merken können. Erhellend ist das Museum **vor allem für Geschichtsinteressierte,** von architektonischem Interesse ist der alte **Ballsaal**, in dem noch immer Lesungen stattfinden.

› İstiqlaliyyət küç. 53, Metro: İçərişəhər, http://nizamimuseum.az, Tel. 4921864, Mo.–Sa. 11–17 Uhr

Diesen Prachtbau entwarfen die Begründer der Bakuer Moderne, Sadiq Dadaşov und Mikayıl Useynov

12 Tağıyev-Villa/Historisches Museum (Milli Azərbaycan Tarixi Muzeyi) ★★★ [D3]

Das frühere Wohnhaus von **Zeynalabdin Tağıyev** ist eine fantastische Schatulle mit einem von außen kaum zu vermutenden **luxuriösen Interieur.** Das zweigeschossige, 1902 fertiggestellte Palais ließ der Ölbaron Tağıyev für seine siebenköpfige Familie bauen. Ein Flügel wurde von dem **polnischen Architekten Józef Gosławski** im europäischen Stil mit griechischen Götterstatuen (Venus und Merkur) eingerichtet.

Die orientalisch anmutende **Haupthalle** verblüfft mit viel Spiegelglas und einem Lüster aus fast 400 Lampen sowie allerlei aus der islamischen Architektur bekannten Spitzbögen, 14 Kilogramm Blattgold wurde bei der Ausgestaltung verwendet. Diamantverzierte Säulen, Holzschnitzereien, Birkenparkett, Ledertapeten, Muranolüster – aus aller Welt wurden

KLEINE PAUSE

Central Baku

Diese XXL-Brasserie, die sich über zwei Etagen mit Veranda erstreckt und mit typisch roten Markisen aufwartet, hätten die Franzosen auch gern. Im Vergleich zu den Pariser Miniaturbistros hat man hier selbst als Großfamilie richtig Platz und Luft zum Atmen. Internationale Gerichte, darunter auch aserbaidschanische und französische, werden zu zivilen Preisen offeriert. Unschlagbar sind die Kunst an den Wänden und die zentrale Lage am Fountains Square 10 – hier trifft sich „tout Baku" zu Club Sandwich, Tarte und Café au lait! Das Lokal existiert erst seit 2017 und ist in kurzer Zeit ein neuer Hotspot geworden.

4 [D2] **Central Baku,** Nizami küç. 75, Metro: İçərişəhər, Tel. 050 2006511, http://centralbaku.az, tägl. 8–24 Uhr

014ba-hmj

die Materialien für den exquisiten Geschmack des auch als Mäzen tätigen Ölmagnaten nach Baku verschifft.

Seit 1920 beherbergt die riesige Villa das **Nationale Historische Museum** und kann daher besichtigt werden. Vor allem die Geschichte vom Fluch und Segen des Erdöls und der Ölförderung ist spannend aufbereitet. Der erste Öltanker und andere Erfindungen der Brüder Nobel sind auf Fotos zu sehen. In einer Dauerausstellung wird der Alltag der Şirvanşah-Dynastie anhand von Gegenständen, Aquarellen und Dokumenten beleuchtet. Von archäologischen Funden bis hin zu handschriftlichen Briefen von Lenin, von Waffen der Kaukasusarmee bis hin zu Juwelen und großartigem Kartenmaterial aus allen Epochen – der Fundus scheint riesig. Vieles stammt auch aus der russischen und sowjetischen Geschichte Aserbaidschans. Die Münzsammlung ist die zweitgrößte der östlichen Hemisphäre nach der in der Eremitage in St. Petersburg.

› Tağıyev küç. 4, Metro: Sahil, www.azhistorymuseum.az, Tel. 4931134, Di.–So. 10–18 Uhr, Kasse bis 17 Uhr, Eintritt 10 ₼

13 İsmailiyyə-Palast (İsmailiyyə Sarayı) ★★ [C3]

„Eine steingewordene Symphonie" hatte der Ölmagnat Ağa Musa Nağıyev an diesem zentralen Platz an der Altstadtmauer bei dem polnischen Architekten Józef Płoszko in Auftrag gegeben. Der renommierte Architekt mit einem Hang zur großen Geste orientierte sich an dem venezianischen Palazzo Ca' d'Oro und errichtete einen **fünfgeschossigen Palast mit opulenten Halbrundbogen- und Spitzbogenfenstern** sowie aufwendiger Steinornamentik. Das Wohnhaus erhielt später den Namen Palazzo İsmailiyya, als die vom Hausherrn in Gedenken an seinen früh verstorbenen Sohn İsmail gegründete islamische Wohltätigkeitsorganisation „Ismailiyya" in das großzügige Anwesen zog.

1918 legten die Bolschewiken ein Feuer, bei dem Teile des Palastes zerstört wurden. Nach der Restaurierung zog die **Nationale Akademie der Wissenschaften** in das Gebäude, wo sie bis heute untergebracht ist. Für die Öffentlichkeit ist der Palast nicht zugänglich. Seit dem Brand sind die beiden Turmaufsätze verschwunden, dafür schmücken goldene Sowjetsterne die Sandsteinfassade ...

› İstiqlaliyyət küç. 10, Metro: İçərişəhər

14 Palast des Glücks (Səadət Sarayı) ★★★ [C3]

Eines der schönsten Gebäude der Stadt erinnert an ein gotisches Schloss. Ein solches hatte der Ölbaron und Bauherr **Murtuza Muxtarov** auch in Auftrag gegeben, um seine Ehefrau zu erfreuen. Die wiederum hatte auf einer Europareise auch Station in Frankreich gemacht und war dem eigenwilligen Baustil verfallen, stand er doch für Größe und „Prestige". Der erfahrene polnische Architekt **Józef Płoszko** erfüllte den Wunsch des wohlhabenden Auftraggebers und konzipierte an einer prominenten Straßenkreuzung dieses **Schlösschen mit Erkertürmen, Arkadenreihe, Spitzgiebeln und Rundbogenfenstern.** Auffallend sind die Steinmetzarbeiten, für die die besten Fachleute ihrer Zunft engagiert wurden. Das Innere ist so reich mit Stuck und Malereien verziert, dass es heute noch den passenden Rahmen für Hochzeiten bietet. Madame Muxtarova hatte in einem Seitenflügel des heute als Standesamt genutzten Ensembles ein Mädcheninternat eingerichtet. Als die Bolschewiki jedoch an die Macht kamen, wurde das Ehepaar enteignet. Zwischenzeitlich war hier das Şirvanşahlar-Museum untergebracht.

› Murtuza Muxtarov küç. 6, Metro: İçərişəhər. Besucher können nur bis ins Foyer des Gebäudes gelangen.

15 Rostropoviç-Wohnhaus (Rostropoviçlərin ev-muzeyi) ★ [B3]

Der „russische" Cellist Mstislaw Leopoldowitsch Rostropoviç (s. S. 30) war in Wirklichkeit gebürtiger Bakuer, von hier aus sollte er die Welt erobern. Die eher bescheidene **Wohnung, in der seine Eltern von 1925 bis 1931 lebten**, ist auf Vorschlag des gegenwärtigen aserbaidschanischen Präsidenten İlham Əliyev in ein Museum umgewandelt worden, in dem noch ein Cello von Rostropoviç senior, der Abschiedsbrief an seinen Sohn und allerlei persönliche Erinnerungsstücke ausgestellt sind. Der Besuch lohnt, da man als Tourist selten die Möglichkeit hat, sich eines dieser zweigeschossigen Reihenhäuser aus der Zeit vom Beginn des 20. Jh. von innen anzusehen. Die Straße, in der die Wohnung liegt, wurde später nach dem Ausnahmekünstler benannt.

› Rostropoviçlər küç. 19, Metro: İçərişəhər, Tel. 4920265, geöffnet: Di.–So. 10–17 Uhr, Eintritt 2 ₼

015ba-hmj

Der erste Ölboom Ende des 19. Jh. brachte Baku einen europäisch anmutenden Palast des Glücks

KLEINER ABSTECHER

Təzəpir-Moschee

Liebhaber von Moscheenarchitektur sollten sich die gigantische quadratische Kalksteinmoschee von Eugeniusz Skibinski aus dem Jahr 1914 ansehen. Die zwei imposanten Minarette flankieren die mit Glaubenssätzen in goldenen Lettern gestaltete Außenkuppel, die einen 1400 m² großen Innenraum überspannt. Das Kuppelinnere wird durch die kleinen Fenster mit Tageslicht erhellt und wurde mit Marmorintarsien und Malereien veredelt. Die Handwerksmeister kamen zu deren Gestaltung aus dem ganzen Land nach Baku. Von den Bolschewiken als Kino und Lagerhalle zweckentfremdet, erstrahlt der Sakralbau heute nach einer umfassenden Sanierung in alter Pracht.

•5 [B3] **Təzəpir-Moschee (Təzəpir məscidi),** Mirzə Fətəli Axundov küç. 7, Metro: İçərişəhər, dann ca. 20 Min. zu Fuß

Der bedeutendste Cellist des 20. Jahrhunderts

__Mstislaw Rostropoviç__ war einer der berühmtesten und begabtesten Cellisten aller Zeiten. Dass seine Mutter, eine Pianistin, ihn zehn Monate lang austrug, begründete sie scherzhaft damit, dass sich seine Finger noch hätten ausbilden müssen. Sein Vater war ein russischer Cellist. Das junge Paar kam 1925 auf Geheiß von Üzeyir Hacıbəyov, einem Komponisten und Begründer des Aserbaidschanischen Konservatoriums, aus dem bürgerkriegsversehrten russischen Orenburg an der kasachischen Grenze nach Baku. Mstislaw lernte mit vier Jahren, Klavier zu spielen und mit acht Jahren Cello. Als er fünfzehn Jahre alt war, starb sein Vater.

Später ging er an das Moskauer Konservatorium und studierte bei Dmitri Schostakowitsch und Sergej Prokofjew Dirigieren, die in ihm ein Ausnahmetalent sahen. 1955 heiratete der Meisterschüler mit dem fliehenden Kinn die Sopranistin Galina Wischnewskaja, mit der er zwei Töchter bekam. Ab 1970 begann er, auch offiziell zu dirigieren. Als politisch engagierter Kopf gewährte er dem in Ungnade gefallenen Literaturnobelpreisträger Alexander Solschenizyn Unterschlupf und wurde aufgrund dessen 1971 mit einem Arbeits- und Reiseverbot belegt. 1974 verließ er die Sowjetunion freiwillig und nahm später die Schweizer Staatsbürgerschaft an. Rostropoviç wurde Chefdirigent des National Symphony Orchestra in Washington D.C., der er bis 1994 blieb.

Einen Tag nach dem Fall der Mauer reiste er nach Berlin und spielte am Checkpoint Charlie für die wiedervereinigte Stadt Cello. Als ihm Michail Gorbatschow die russische Staatsangehörigkeit anbot, lehnte er jedoch ab und lebte die letzten dreißig Jahre offiziell als Staatenloser, die letzten zwanzig davon jedoch wieder in Moskau. Er setzte sich für Demokratie und Menschenrechte ein, engagierte sich für Dissidenten und Bürgerrechtler aus Osteuropa und gab immer wieder Benefizkonzerte, auch in Baku. Als er 2007 im Alter von 80 Jahren in Moskau starb, schrieb David Geringas, einer seiner Schüler: „Er hat uns beschenkt, er hat uns gefordert, er hat uns einfach überrollt und dabei mitgerissen – er war eine lebende Lawine, ein Übermaß an Geist, Phantasie und Kraft." „Slawa", wie ihn seine Freunde nannten, wurde nach russisch-orthodoxem Ritus auf dem Friedhof des Neujungfrauenklosters in Moskau beerdigt. Überliefert ist das Zitat: „Mein Vater liebte Baku, meine Mutter liebte Baku, ergo liegt meine Liebe zu dieser Stadt in meinen Genen".

16 Magomayev-Philharmonie (Maqomayev adına Azərbaycan Dövlət Filarmoniyası) ★★ [C4]

Das im Jahr 1912 erbaute Konzerthaus hat unverkennbar Ähnlichkeit mit dem Casino von Monaco. Letzteres diente tatsächlich als Vorbild für den Entwurf des Architekten Gawriil Ter Mikelow, der damit ein bisschen **europäisches Flair ans Kaspische Meer** holen und die neue Oberschicht der Ölboomära erfreuen wollte. Wenn man genauer hinsieht, fehlt das Mansarddach. Charakteristisch sind die beiden quadratischen, mit Laternen ausgestalteten Türme, die den Rundbau mit der Flachdachkuppel flankieren. Typisch für die lokale Architektur ist der *Şushebend* (s. S. 21) genannte Holzerker auf dem zur Kreuzung hin gebauten Riegelbau. Die innen im opulenten Rokokostil ausgekleidete Philharmonie, in der ganzjährig Konzerte stattfinden, ist heute nach dem Komponisten und Tenor **Müslüm Maqomayev** benannt.

Der 1942 in Baku geborene Ausnahmekünstler galt als der sowjetische Frank Sinatra, sein Gesang prägte und rührte Generationen. Er starb 2008 und ist auf dem Friedhof Fakhri Khiaban 30 in einem Ehrengrab beigesetzt. Zum Park hin verfügt die Philharmonie über eine Sommerbühne und Flanierterrassen. Von 1995 bis 2004 wurde der gelb getünchte Prachtbau mit den feinen weißen Schmuckornamenten renoviert. Der weltberühmte Cellist Mstislaw Rostropoviç (s. S. 30) gab hier zu Lebzeiten fast jedes Jahr ein Konzert.

› İstiqlaliyyət küç. 4, Metro: İçərişəhər, http://filarmoniya.az, **Tickets:** https://iticket.az/venues/azerbaijan-state-academic-philharmonic-hall, je nach Konzert und Platzwahl zwischen 10 und 100 ₼, Tel. 077 6000060

KLEINE PAUSE

Einen lauen Sommerabend könnte man im Park hinter der Philharmonie verbringen. Im Lafontaine Café sitzt man mit Blick auf den opulenten Springbrunnen und die schöne Stadtmauer, lauscht der Musik (Konserve oder live) und nippt an einem Cocktail oder Tee. Der klassizistische Pavillon mit der Marmorterrasse ist bis spätabends geöffnet.

6 [C4] **Lafontaine Café,** Kiçik qala küç. 28, Metro: İçərişəhər, tägl. im Sommer 12–24 Uhr

17 Nationales Kunstmuseum (Azərbaycan Milli İncəsənət Muzeyi) ★★ [C4]

Das schon 1936 gegründete und nach dem Theaterkünstler Rüstəm Mustafayev benannte staatliche Kunstmuseum verfügt über einen beachtlichen Bestand von **mehr als 10.000 Exponaten**, darunter viele Geschenke und Leihgaben aus Moskau und Sankt Petersburg, aber auch aus Privatsammlungen. **Europäische Kunst** aus dem 17.–19. Jh., **Delfter und Meissner Porzellan** aus dem 18. und 19. Jh. sowie **russische Malerei** aus dem 18.–20. Jh. sind über die heiligen Hallen der zwei großzügigen, von dem deutschen Architekten Nikolaus van der Nonne entworfenen Palais verteilt. Im linken Gebäude wohnte einst der Ölbaron De Bour. **Sowjetische Kunst** ist mit Graphiken, Gemälden und Skulpturen aus der Zeit vor der Oktoberrevolution vertreten. **Aserbaidschanische Kunst** aus nahezu allen Epochen offenbart großes Können und reiche Tradition. Steinmalereien aus Qobustan sind ebenso zu finden wie Keramikgefäße aus vorchristlicher Zeit und Kopien der Wandmalereien des Şəki-xan-Palastes aus dem 18. Jh. In Aserbaidschan angefertigte Juwelierskunst aus dem 19. Jh. nimmt einen ganzen Raum ein. Der heimische, sozialkritische Künstler Azim Azimzade (1880–1943) war ein Pionier der Grafikkunst. Er zeichnete Szenen aus dem Familienleben wie etwa „Die Familie". Aus den 1920er- bis 1930er-Jahren sind Malereien und Teppiche zu sehen. Michail Abdullayev galt als Volkskünstler der UdSSR und schuf das Triptychon „Auf den Ölfeldern von Aserbaidschan". Besonders sehenswert sind die Bilder des berühmten Landschaftsmalers Sattar Bahlulzade. „Alt-Baku" in Grafiken zeigt Ələkbər Rzaquluyev. Toğrul Nərimanbəyovs Gemälde „Muğam" sollte man sich ansehen. Das Highlight ist jedoch ein fast fünf Meter breites, sphärisches Gemälde eines der wichtigsten Künstler der Sowjetunion, Tahir Salahov (s. S. 19), das sowohl farblich als auch thematisch Neuland betritt. Ein Mann und eine Frau, jeweils mit einer Lichtkugel in der Hand, fliegen in den Weltraum. **„For You, Humanity"** ist der Titel dieses weltbekannten, 1961 entstandenen Gemäldes, das auch dann noch im Gedächtnis bleibt, wenn man das Museum längst wieder verlassen hat.

› Niyazi küç. 9–11, Metro: İçərişəhər, www.nationalmuseum.az, Tel. 4920707, geöffnet: Di.–So. 10–18 Uhr, Kasse nur bis 17 Uhr, Eintritt: 10 ₼

Bulvarı

Der Bulvarı, die Promenade am Kaspischen Meer, ist die grüne Lunge der Halbwüstenstadt. Einige imposante Gebäude säumen seine Ränder, schattige Bänkchen und kleine Cafés laden zum Verweilen ein. Die Einheimischen kommen erst ab Mittag, am besten abends unternimmt man eine Dampferfahrt.

18 Azadlıq Square mit Regierungsgebäude (Azadlıq meydanı, Hökumət Evi) ★★ [F2]

Nach alter sowjetischer Tradition wurde der zentralste Platz jeder größeren Stadt im einstigen Riesenreich nach dem Genossen Lenin benannt. Heute heißt der frühere Leninplatz übersetzt Unabhängigkeitsplatz. Kaum vorstellbar, dass auf dem Areal des riesigen neoklassizistischen Regierungspalastes in der Mitte noch im Jahr 1850 ein Moor existierte, das vornehmlich von Jägern frequentiert wurde. Die um die letzte Jahrhundertwende hier aus dem Boden schießenden Bohrtürme muss-

Der Bulvarı ist eine Oase für Groß und Klein

016ba-hmj

ten schließlich für den Bau eines **repräsentativen Verwaltungsgebäudes** weichen, das noch heute einen festen Platz in der Liste der 100 Meisterwerke der Sowjetarchitektur belegt. Den 1934 ausgelobten Wettbewerb gewannen schließlich zwei renommierte Moskauer Architekten, Lew Rudnew und Wladimir Munz. Den zweiten Platz belegten die beiden lokalen Architekten Sadıq Dadaşov und Mikayıl Useynov, die mit dem Entwurf einer tortenähnlichen Stalin-Kathedrale zwar leer ausgingen, das Stadtbild aber in den Folgejahren mit einzigartigen Bauten in anderen Straßen prägen sollten. Der heute von Ministerien wie etwa dem für Tourismus genutzte Architekturikone ist ein auf einem u-förmigen Grundriss konzipierter Prachtbau mit einer Vielzahl von Arkadenreihen, Säulenformationen, Obelisken und betonten Eckrisaliten. Die **orientalisch anmutende Trutzburg** wurde erst nach Ende des Zweiten Weltkriegs 1952 fertiggestellt, mit der Arbeitskraft von deutschen Kriegsgefangenen ...

› Üzeyir Hacıbəyov küç. 40, Metro: Sahil, nicht zugänglich

EXTRATIPP

Mini-Kreuzfahrt

Ein relativ sperriger Ausflugsdampfer schuckelt die vornehmlich jungen Passagiere auf dem Kaspischen Meer Richtung Nargin Island und legt dabei nur ein paar Hundert Meter auf See zurück. Nach 40 Minuten steuert der kettenrauchende Kapitän den Kahn auf demselben Weg wieder an den Pier. Für Touristen ist der Trip vor allem deshalb interessant, weil man die einzigartige Skyline von Baku aus einer anderen Perspektive sehen und natürlich fotografieren kann. Im Sommer ist die Fahrt bei Einbruch der Dunkelheit am schönsten. Verliebte Paare nutzen die Gelegenheit, um endlich einmal unbeobachtet von der Familie knutschen zu können.

› Anleger Neftçilər prospekti, Metro: Sahil, tägl. 18–24 Uhr, Tel. 050 2226741, http://ulduztourism.az/product/baku-cruise-ship

Im Regierungsgebäude sind heute Ministerien untergebracht

017ba-hmj

19 Museumszentrum (Muzey Mərkəzi) ★ [D3]

Das ehemalige, 1955–1960 erbaute Lenin-Museum ist eine **pseudo-gotische Akropolis mitten am Bulvarı.** Hinter den sich über drei Etagen ersteckenden Säulen am Eingangsportal verbirgt sich ein imposantes Museum, in dem über Jahrzehnte 1300 Teppiche aus allen Jahrhunderten ausgestellt waren. Inzwischen ist der insgesamt fast 7000 Teppiche umfassende Fundus des Staatsarchivs in das als aufgerollter Teppich konzipierte XXL-Teppichmuseum 24 am anderen Ende des Boulevards umgezogen. In den heiligen Hallen des jetzt „Muzey Mərkəzi" genannten Hauses finden nunmehr wunderbare und meist sehr sehenswerte **Ausstellungen** statt.

Das ebenfalls hier logierende **Museum der Unabhängigkeit** wartet u. a. mit dem Modell einer Ölplattform auf. Das nach dem Theatermann Jaffar Jabali benannte **Theatermuseum** ist etwas angestaubt und vorrangig für Theaterfans von Interesse. Der riesige **Teich mit dem Springbrunnen** gegenüber am Bulvarı ist eine Kuriosität der Extraklasse. Der Brunnen spielt klassische Musikstücke. Man sitzt und lauscht und träumt mit Blick auf den Fallschirmspringerturm am Bulvarı, der 1936 als Trainingsturm für die Rote Armee erbaut worden war und heute nur noch als digitale Zeitanzeige fungiert.

› Neftçilər prospekti 123, Metro: Sahil, www.museumcenter.az, Tel. 4937287, geöffnet: Di.–So. 10–18 Uhr, 2 ₼ pro Museum, Sonderausstellungen extra

EXTRATIPP

Café Mirvari

Die gegenwärtig vor allem abends als Freiluftrestaurant fungierende Stahlbetonblume bzw. -perle ist eine echte Rarität in der Architekturschatulle der Stadt. Die doppelt gekrümmte Membran als Gebäudestruktur mit Spritzbetonschalen stammt aus dem Jahr 1962 und wurde von einem ganzen Architektenteam um Wladimir Schulgin entworfen. In schönster Lage sitzt man hier mit Blick auf das Kaspische Meer und lässt die Seele baumeln.

8 [D4] **Café Mirvari,** Bulvarı, Metro: Sahil, Tel. 4926288, tägl. 10–24 Uhr

KLEINE PAUSE

Hinter dem Museumszentrum befindet sich auf dem Weg Richtung Altstadt diese kleine, aber feine Bäckerei mit der **größten Auswahl an aserbaidschanischem Gebäck und Kuchen in ganz Baku.** Alles gibt es nur zum Mittnehmen. Der seit dem Jahr 2000 backende Familienbetrieb bietet auch Catering an und hat kürzlich eine siebte Filiale eröffnet.

7 [G2] **Z-Style,** Zərifə Əliyeva 19, Metro: Sahil, http://zstyle.az/en, tägl. 10–21 Uhr

20 Abdulla-Şaiq-Puppentheater (Abdulla Şaiq adına Azərbaycan Dövlət Kukla Teatrı) ★ [D4]

Das auffällige Gebäude aus dem Jahr 1908 wurde ursprünglich von dem polnischen Architekten Józef Płoszko als Casino entworfen und 1931 von Zivər bəy Əhmədbəyov aus Baku in ein Theater umgewandelt. Über eineinhalb Etagen erhebt sich der im französischen Renaissance-Stil erbaute imposante Flachdachbau mit zwei Kuppelaufsätzen und opulentem Pilasterfassadenschmuck. Es lohnt sich, einen kurzen Blick ins **Foyer** zu werfen. Dort sind wunderbare Malereien von Toğrul Nərimanbəyov und einige der drei Meter großen orientalischen Puppen zu bestaunen. Auf der Bühne sieht man Puppen aller Größen, auch winzige Exemplare sind dabei, Aladin mit der Wunderlampe wird man wohl nicht vergessen. Das ehrwürdige Puppentheater ist ein **Augenschmaus**, auch wenn man von den Inszenierungen wenig bis nichts versteht. Es ist im Gegensatz zum Marionettentheater (s. S. 79) eher ein Kindertheater und wurde nach dem 1959 verstorbenen aserbaidschanischen Kinderbuchautor Abdulla Şaiq benannt.

› Neftçilər prospekti 36, Metro: Sahil, Tel. Kasse: 4926425, http://kuklateatri.az/en.html, Vorstellungen je nach Jahreszeit um 12, 14, 16 und 18 Uhr

018ba-hmj

21 Hacınski-Residenz (Hacınski Mansion) ★★★ [D4]

Das frühere Wohnhaus des märchenhaft reichen, aus einer Adelsfamilie stammenden Ölbarons İsa bəy Hacınski überragt fast alle anderen Bauten in der Gründerzeitstadt – nicht nur an Höhe, sondern auch an Anmut. Hacınski war auf seinen Ländereien außerhalb von Baku auf Öl gestoßen und hatte später zusätzlich eine Kerosinfabrik gebaut. Für den Bau dieses **eklektischen Privatpalastes** hatte er den deutschstämmigen Architekten Iwan W. Edel engagiert. Eine Besonderheit in Baku ist, dass die für den Jugendstil typischen Schnörkel und Fassadenornamente, die in anderen Ländern aus Stuck oder Beton hergestellt wurden, hier aus Stein gehauen wurden. Auch dieser Prachtbau wurde mit einem imposanten Eckturm, zwei Dreiecksgiebeln und aufwendigster Fassadengestaltung mit rundgeführten Erkern, schmiedeeisernen Balkonen und bunten Mosaikfriesen ausgestaltet.

Kurz vor dem Einfall der Bolschewiken starb der auch als Mäzen tätige Hausherr, seine drei Söhne mussten das Land verlassen. Der Palast wurde in der Sowjetzeit in einzelne Wohnungen aufgeteilt. 1944 übernachtete Charles de Gaulle auf seiner Reise von Teheran nach Moskau in einer der Wohnungen, wo er Stalin treffen wollte. Später lebte dort die Familie des bekannten aserbaidschanischen Chemikers Yusif Heydər Məmmədəliyev.

› Neftçilər prospekti 103, Metro: İçərişəhər, nicht zu besichtigen

Hacınski-Residenz: Der Jugendstil kam aus Europa meist über Russland nach Baku

㉒ Mini-Venedig (Kiçik Venesiya) ★★ [C5]

Venedig ist überall. Die **schönste Kopie der Lagunenstadt** befindet sich nicht etwa in Las Vegas, sondern in unmittelbarer Nähe zum Teppichmuseum ㉔ von Baku. Der erste Abschnitt wurde schon 1960 erbaut, aber erst seit der Erweiterung auf 10.000 m² im Jahr 2012 lohnt eine Gondelfahrt wirklich. Die nagelneuen Gondeln werden mit Elektromotor betrieben und gleiten geräuschlos dahin, die Gondolieri singen allerdings nicht. Dafür ist das Wasser im Gegensatz zu den trüben Fluten am Originalschauplatz sauber und herrlich türkisfarben. Ein Spaziergang über die mit weißem Marmor verkleideten Brücken und Inseln ist kostenlos und ebenfalls sehr entspannend.

› Neftçilər prospekti 73, Metro: İçərişəhər oder Funikular (Station unten), tägl. 10.30–22.30 Uhr, https://m.facebook.com/pages/Mini-Venice, 5 ₼ für 20 Minuten

㉓ Internationales Muğam-Zentrum (International Muğam Center) ★ [C5]

In diesem eigenwilligen, 2008 fertiggestellten und im vorderen Teil fast ganz aus Glas bestehenden Rundbau am Bulvarı sind ein **Konzertsaal** mit 350 Sitzplätzen, ein **Aufnahmestudio**, ein **Klub**, ein **Restaurant** und ein **Museum** untergebracht.

Die **Musikrichtung Muğam** ist ein Exportartikel aus Aserbaidschan. Es ist dem Einsatz der First Lady Mehriban Əliyeva zu verdanken, dass es dieses Zentrum gibt. Für sie ist der Muğam „eine Perle der Weltmusik". Der 7500 m² große Bau hat die Form des ursprünglich persischen und heute auch aserbaidschanischen Saiteninstruments *tar*, das es seit dem 19. Jahrhundert gibt und das einen eigentümlichen metallischen, leicht vibrie-

⊡ *Venedig ist überall – auch in Baku*

019ba-hmj

renden Klang erzeugt. Die *tar* ist eine gezupfte Langhalslaute, ohne die die Volksmusik Muğam nicht denkbar wäre.

› Neftçilər prospekti 9, Metro: İçərişəhər oder Funikular (untere Station), Tel. 4978970, http://heydar-aliyev-foundation.org/en/content/view/136/93/International-Mugham-Centre. Die Konzerte beginnen meist um 19 Uhr.

24 Aserbaidschanisches Teppichmuseum (Azərbaycan Xalça Muzeyi) ★★★ [C5]

In einem halb ausgerollten Teppich an der Uferstraße befindet sich das alte neue staatliche Teppichmuseum. Der spektakuläre Neubau mit viel Glas an den Teppichenden ist seit 2014 die neue Heimstätte einer **weltweit einzigartigen Sammlung hochkarätiger Teppiche** aus mehreren Jahrhunderten. Da sich fast 10.000 Teppiche im Archiv befinden, werden die Exponate öfter ausgewechselt. Gegründet hatte das Museum im Jahr 1967 der Teppichkünstler Lətif Kərimov in einer ausgedienten Moschee in der Altstadt (Juma-Moschee 9). Seit 1992 waren Teile des Fundus im Museumszentrum 19 auf dem Bulvarı ausgestellt. In dem neuen futuristischen Museum des österreichischen Architekten Franz Janz können nun viel mehr Exponate gezeigt werden, auch hat die Teppichrolle den Vorteil, dass

KURZ & KNAPP

Teppichkunst

Bevor das Öl kam, waren Teppiche die größte Einnahmequelle Aserbaidschans. Sie sollen hier erfunden worden und später u. a. von den Iranern kopiert worden sein. Erste schriftliche Belege datieren die Anfänge der Teppichkunst auf das Jahr 450 v. Chr. Auch der älteste Knüpfteppich im fernen Sibirien stammt aus dieser Zeit. Die Teppichweberei ist bis heute das **wichtigste nationale Kunsthandwerk** und seit 2010 sogar immaterielles UNESCO-Weltkulturerbe.

Der 1906 in Şuşa geborene **Lətif Kərimov** war ein vielseitig begabter Künstler, aber die Teppiche sollten sein Steckenpferd werden. Er hatte das Metier von der Pike auf gelernt und im Laufe seines langen Lebens perfektioniert. Als dekoriertes Mitglied der Akademie der Wissenschaften verfasste er mehrere Bücher und hinterließ der Nachwelt eine Art Enzyklopädie mit den verschiedenen aserbaidschanischen Teppichknüpftechniken, Musterproben und Ornamenten. Jede Region des Landes hat eigene Insignien, die eine Zuordnung möglich machen. Ein neu gefertigter Teppich wurde immer auf der Straße ausgelegt, damit er weich getreten wurde. Ausschlaggebend für die Qualität ist die Anzahl der Knoten eines Teppichs, ein guter aserbaidschanischer Teppich weist 160.000 bis 400.000 Knoten auf. Einer, der den Teppich gerade neu erfindet und damit schon in allen großen Museen zu finden ist, ist **Faig Ahmed.** Er wurde 1982 geboren, kommt aus Baku und holt den Orientteppich aus den Untiefen der Volkskunst. Seine Teppichkreationen kommen manchmal verpixelt oder mit eingewebten Ölspuren daher. Einige Exemplare sind rund, bei anderen zerfließt die traditionelle Ornamentik. Sein neuester Streich sind Teppiche mit ungewöhnlichen Blauschattierungen, deren Ausläufer in einem riesigen Wollbüschel enden. Einige seiner Kunstwerke sind auch im Teppichmuseum zu sehen.

› www.faigahmed.com

Aserbaidschanischer Jazz – Inspired by Nature

Baku war einmal die heimliche Jazz-Hauptstadt der Sowjetunion. Letztere ist ja bekanntlich untergegangen und mit ihr eine gewisse Traditionspflege, zumindest in Bezug auf den Jazz. Was den ***Muğam*** *angeht, ist eher das Gegenteil der Fall. Die nur mündlich überlieferte, stark identitätsstiftende Volksmusik der Aserbaidschaner wurde 2003 von der UNESCO in die Liste des immateriellen Kulturerbes der Menschheit aufgenommen.*

Laut dem aserbaidschanischen Komponisten Qara Qarayev bezeichnet das Wort „Muğam" eine Tonart, aber auch eine mehrsätzige Form mit eigenen Gestaltungsprinzipien sowie eine nur mündlich überlieferte Musiktradition, die bis ins Mittelalter zurückreicht. Muğam ist aber auch die Bezeichnung für das Trio, das Muğam-Musik aufführt. Es besteht aus einem auf dem Gaval (Trommel) trommelnden Sänger und zwei Musikern, die Tar und Kamenca (Streichinstrument) spielen.

044ba-hmj

Der Komponist Üzeyir Hacıbəyov schrieb zu Beginn des 20. Jh. drei Muğamen-Opern und schuf auf diese Weise eine Synthese aus traditioneller Musik und der europäischen Tradition der sinfonischen Musik. Eine Verbindung zwischen Muğam und Jazz stellte in den 1960er- und 1970er-Jahren der Pianist Vaqif Mustafazadə (s. S. 23) her.

Im Hier und Jetzt ist leider der Jazz auf der Strecke geblieben. Auch wenn die staatliche Erdölgesellschaft das Jazz-Festival in Montreux sponsert, werden lieber ausländische Künstler nach Baku geflogen, als dass der heimische Nachwuchs gefördert wird. Das Baku Jazz Center wurde unlängst in ein Sushi-Restaurant umgewandelt.

Über die Landesgrenzen hinaus bekannt ist der Jazz-Pianist İsfar Sarabski, der auch beim seit 2005 jährlich stattfindenden, von Leyla Efendiyeva kuratierten und an wechselnden Orten steigenden Jazzfestival auftritt. Um neue Wege zu gehen, muss man erfinderisch sein. Der Saxophonist Rain Sultanov ist nicht nur einer der Mitbegründer des Festivals, er ist auch so etwas wie die intellektuelle Leitfigur der heutigen Szene am Kaspischen Meer und gibt Konzerte im In- wie Ausland. Seine neueste CD „Inspired by Nature" konnte das Licht der Welt nur deshalb erblicken, weil zwei deutsche Fans ihm bei der Rea-

◁ Das neue Album von Rain Sultanov (und Isfar Sarabski) heißt „Cycle" (2018)

lisierung seines Traumes halfen. Er träumte davon, ein Album aufzunehmen, auf dem es ein Stück für jede der sieben verschiedenen Landschaftstypen Aserbaidschans gibt. Da kamen die Filmemacherin Antje Dombrowski und ihr Mann Thomas Melzer gerade recht. Die beiden waren 2011 beruflich in Baku und machten sich daran, die Umsetzung dieses Traumes in Bild, Ton und Wort festzuhalten. Der Untertitel des als Dokumentarfilm getarnten Road Movies sagt alles: „Wie ein Kaukasier über Land zog und mit sieben Musikern nach Hause kam." Und so fanden sich die Protagonisten wahlweise mit einem Flügel in der Steppe, einem Motorrad im Sand, Lederschuhen im Wasser, einem Stativ vor einer Schlucht, einem Saxophon auf einem Boot, einer Tar ohne Genehmigung in einem Nationalpark und zu guter Letzt mit dreckigen Schuhen inmitten von blubbernden Schlammvulkanen wieder. Das Ergebnis ist nicht nur ein wunderbarer Aerbaidschan-Film, sondern auch ein akustischer Bildband ... und ein Souvenir der Extraklasse.

› ***Rain Sultanov:*** *Inspired by Nature, Ozella Music, www.ozellamusic.com/product/inspired-by-nature-rain-sultanov-2*
› ***Film*** *unter www.inspired-by-nature-film.de (Zugangscode: Mugham)*
› ***Baku Jazz Festival:*** *unter www.bakujazzfestival.com (an verschiedenen Locations wie etwa dem Art Garden in der Altstadt)*
› ***www.jazz.az*** *ist ein Internetradiosender, der Hörbeispiele bedeutender einheimischer Jazz-Musiker spielt.*

die Exponate im Inneren schräg gehängt bzw. gelegt werden können. Über Touchscreens erfahren die Besucher auch auf Englisch alles rund um die Herstellung und Herkunft der Teppiche. Spektakulär sind die drei riesigen, zu einem Tryptichon gehörenden Exemplare nach **drei Gemälden von Tahir Salahov** (s. S. 19), in denen mit dem Jungfrauenturm ❶, einer Ölpipeline und dem Feuertempel Ateşgah ㊷ Aserbaidschan als das Land des Feuers gefeiert wird. In dem magischen Teppichneubau finden sich auch drei Kunstwerke von Faig Ahmed (s. S. 37). Im Foyer kann man bei der Entstehung eines Teppichs zuschauen. Außerdem gibt es ein Café und einen fantastisch sortierten Shop.

› Mikayıl Useynov prospekti 28, Metro: İçərişəhər oder Funikular (Station unten), http://azcarpetmuseum.az, Tel. 4972057, geöffnet: Di.–Fr. 10–18, Sa./So. 10–20 Uhr, Eintritt: 7 ₼, erm. 3 ₼

㉕ Baku Eye (Bakının gözü) ★ [D6]

Seit 2014 lädt das von einer niederländischen Firma erbaute **Riesenrad** die Besucher zum gemütlichen Kreisen ein. Nicht nur vom höchsten Punkt in 60 Metern Höhe hat man aus jeder der 30 Kabinen einen fantastischen Blick auf die Skyline von Baku. Die berüchtigten Winde von Baku können die Betreiber aber zu einer spontanen Schließung veranlassen. Sonst ist man in knapp 40 Minuten einmal um die eigene Achse gereist, das Meer unter den Füßen schimmert dunkelblau. Nachts kommen die Lichter der Stadt dazu. Außerdem sieht man die Ruinen auf einer kleinen Insel namens **Sabayil Castle**, aus denen demnächst wieder

020ba-hmj

eine Festung erstehen soll. Das Riesenrad wird 2020 in die White City (s. S. 105) umziehen, ein Standort am Bulvarı ist dort schon reserviert.

› Neftçilər prospekti, auf Facebook, im Winter meist nur am Wochenende ab Mittag und je nach Wetterlage geöffnet, im Sommer tägl. 10–23 Uhr, Eintritt 6 ₼

26 Flaggenplatz (Dövlət Bayrağı Meydanı) ★ [ck]

Die beeindruckende **XXL-Flagge von Aserbaidschan** in unmittelbarer Nachbarschaft zur eigens für den Eurovision Song Contest 2012 von dem deutschen Architektenbüro Gerkan, Marg und Partner in nur zehn Monaten erbauten **Chrystal Hall** mit einer Außenhaut aus dreieckigen Membranflächen war aufgrund ihrer Größe schon im Guinness Buch der Rekorde (2010). Allerdings wurde die Höhe von 162 Metern schon ein Jahr später (2011) von dem höchsten freistehenden Flaggenmast in Duschanbe in Tadschikistan überboten, beide Exemplare stammen von derselben amerikanischen Firma.

Das unter dem Mast gelegene **Museum** wartet mit einer stattlichen Flaggensammlung und einer Multimedia-Show auf, die jedoch nur echte Fans begeistern dürfte.

› Mikayıl Useynov prospekti, Flag Square, Tel. 4049598. **Das Museum ist derzeit geschlossen.**

Səbail

Der amphitheatralische Grundriss Bakus lädt den Besucher geradezu ein, sich die Stadt auch von oben anzusehen. Die Anhöhe von Səbail mit dem Dağüstü-Park und der Allee der Märtyrer 29 ist mit der Standseilbahn einfach zu erklimmen und bietet Erholung und spektakuläre Ausblicke.

27 Funikular (Funikulyoru) ★★★ [C5]

Die **futuristische Standseilbahn** braucht nur zehn Minuten, um die Besucher über 90 Höhenmeter auf die Anhöhe neben der Allee der Märtyrer 29 zu befördern und bietet eine herrliche Aussicht. Sie wurde bereits 1960 in Betrieb genommen und war seinerzeit Teil der Urbanisierungsbestrebungen des rührigen Bürgermeisters Əliş Ləmbəranski. Die alten ukrainischen Wagons waren allerdings störanfällig. Ende der 1980er-Jahre wurde der Betrieb der Bahn ganz ein-

Vor allem bei Nacht ist eine Fahrt im Riesenrad Baku Eye 25 ein unvergessliches Erlebnis

gestellt und erst Anfang 2000 wieder aufgenommen. 2011 wurde das nützliche Verkehrsmittel um zwei futuristische Glaspavillons mit LED-beleuchteten Netzen aus Stahl und Glas ergänzt.

› Shovkat Alakbarova 1, Metro: İçərişəhər, tägl. 10–22 Uhr, 1 ⩚

28 Flame Towers ★★★ [B5]

Sie sind das neue Wahrzeichen der Stadt der Winde im Land des Feuers. Die drei 161, 165 und 182 Meter hohen **Glastürme des US-Architekturbüros HOK** ruhen auf einem 78 Meter hohen Sockelgeschoss und beherbergen neben Wohnungen und einem Einkaufszentrum mit Kino das Fairmont Hotel Baku (s. S. 123). Der schlichten wie genialen Konstruktion liegt ein Stahlbauskelett zugrunde, das erdbebensicher ist und die starken Stürme abwenden können muss. Ein Teppich aus 10.000 LED-Lampen von der deutschen Firma Osram lässt die drei Flammen bei Dunkelheit wahlweise in Feuerrot oder in den Nationalfarben Aserbaidschans in den Himmel schlagen. Die schräg abfallenden Flammenzungen wurden mit gebogenen Stahlträgern konstruiert.

Im Foyer des Fairmont Hotels hängt der größte Lüster Kaukasiens. Das einzigartige Bauwerk ist seit seiner Fertigstellung 2013 zur **Hauptsehenswürdigkeit der Stadt** geworden. Es prägt die Silhouette und fehlt auf keinem Foto mehr. Nation Branding vom Feinsten ...

› Mehdi Hüseyn küç. 1,
Metro: İçərişəhər (besser Taxi)

⊡ Wolkenkratzer, in denen sich die Wolken spiegeln: Flame Towers

EXTRATIPP

Teetrinken im Fairmont Hotel

Man besteigt den Fahrstuhl und fährt in den 19. Stock der Flame Towers. Bei Tee, Kaffee und Gebäck wähnt man sich auf einem fliegenden Teppich über Baku.

› **Fairmont Hotel** (s. S. 123) in den Flame Towers

29 Allee der Märtyrer mit Ewiger Flamme (Şəhidlər Xiyabanı, Əbədi alov) ★★★ [B6]

Bis zur Unabhängigkeit Aserbaidschans 1990 hieß dieses malerische Areal auf der Anhöhe mit Blick auf das Meer Kirov-Park und verfügte über eine große Kirov-Statue. Im Rahmen der Umgestaltung in eine Gedenkstätte für die Opfer der 1918

021ba-hmj

beim Einfall der Bolschewiki in Baku getöteten aserbaidschanischen, türkischen und britischen Soldaten entwarf der heutige Präsident der Architektenvereinigung, Elbay Kasimzadeh, eine Art **Feuertempel als Ewige Flamme.** Er schuf einen zu allen vier Seiten offenen Baldachin aus dem lokalen Sandstein, der mit orientalischer Ornamentik und einer Glaskuppel auf vier Spitzbögen ruht.

Die sich an den kleinen Tempel anschließende Allee der Märtyrer ist eine **von Zypressen und Pinien umrahmte Marmorallee** mit aufwendig gestalteten Grabsteinen. Später kam noch eine **Gedenkstätte** für die in Bergkarabach zwischen 1988 und 1994 getöteten Soldaten und Zivilisten hinzu. Zu dem Ensemble gehören die 1996 fertiggestellte Türkische Moschee und im hinteren Teil der **Dağüstü-Park** mit der größten Marmortreppe Aserbaidschans, einer **XXL-Aussichtsterrasse** und dem **Park-Café.**

› Mehdi Hüseyn küç., 24 Std. geöffnet, Funikular (oberer Pavillon)

› Dağüstü-Park-Café, tägl. 11–24 Uhr, Funikular (oberer Pavillon)

30 Friedhof Fakhri Khiaban (Fəxri Xiyaban Şəhidlər Xiyabanı) ★ [A5]

Die Allee der Märtyrer 29 ist nicht der einzige Friedhof in Baku. Ein paar Hundert Meter weiter, hinter dem Parlamentsgebäude, liegt der ungemein gepflegte Ehrenfriedhof von Baku, auf dem im hinteren Teil eine **lebensgroße Statue des früheren Staatspräsidenten Heydər Əliyev** dessen Grabmal markiert. Er wurde 2003 in dieser parkähnlichen Nekropole beigesetzt. Seit dem Jahr 1948 fanden viele **verdiente Aserbaidschaner** hier ihre letzte Ruhestätte, unter anderem der Komponist Tofiq Guliyev, der mit einer Skulptur eines Klaviers verewigt wurde, oder Rashid Behbudov, der eine Arie zu singen scheint. Auch der Komponist Üzeyir Hacıbəyov und der unvergessene Operntenor Müslüm Maqomayev sowie der Sänger Bülbül, die Schauspielerin Nesibe Zeynalova und Səməd Vurğun haben eigene Mausoleen.

In Aserbaidschan ähneln die Friedhöfe einem Statuenpark, nicht selten ist die Gestalt des Verblichenen auf einem aufrecht postierten Grabstein in voller Größe zu sehen.

› Parlament prospekti, Funikular (obere Station), dann zu Fuß, tägl. 9–19 Uhr

31 Fernsehturm Azeri (Teleqüllə Azeri) ★ [bj]

Der Blick von dem im Jahr 1996 erbauten und 310 Meter hohen Fernsehturm ist genial, vor allem weil man die Flame Towers 28 mal von oben sieht. Allerdings muss man im Drehrestaurant Teleqüllə im 62. Stock zumindest einen Kaffee trinken, um die fantastische Aussicht (am besten vor Sonnenuntergang) genießen zu können. Der Service ist leider langsam. Die große Speisekarte ist immerhin auf Englisch zu bekommen und hat vornehmlich aserbaidschanische Gerichte im Programm, die absolut okay sind.

› Akademika Alizade küç. 12, nur mit dem Taxi oder zu Fuß erreichbar, www.telequlle.az, Tel. 070 7707070, tägl. 10–23 Uhr

Nach einem Brand 1985 wurde die berühmte Oper vollständig restauriert

Yasamal und Nərimanov

Sowohl architektonisch als auch historisch sind diese beiden Stadtteile interessant, weil sie alle Hinterlassenschaften der verschiedenen Bauphasen des 20. Jh. vereinen. Von den Ölboombauten der Jahrhundertwende bis hin zur Bakuer Moderne (1950er- und 1960er-Jahre), zum Spion-Denkmal ㊱ der 1980er-Jahre und einem Basar der Neuzeit gibt es hier viel zu sehen. Ausgangspunkt für eine Erkundung ist die Metro-Station Sahil.

022ba-hmj

㉜ Oper und Nizami-Straße (Axundov adına Azərbaycan Dövlət Akademik Opera və Nizami küçəsi) ★★★ [E2]

Dieses Opernhaus ist wie nicht von dieser Welt. Der Ölbaron Tağıyev (s. S. 27), in dessen Villa sich das Historische Museum befindet, hatte ein Faible für exzessive Partys und einen exquisiten Operngeschmack. Um für derlei Vergnügungen nicht immer nach Europa reisen zu müssen, ließ er 1910 ein gänzlich ungewöhnliches Klubhaus erbauen, in das er seine mondänen Freunde einlud. Der in feinstem **Jugendstil** mit zwei polygonalen Turmaufbauten und riesigen Rundbogenfenstern ausgestattete Prachtbau war ein **Novum in der Ölboomstadt.** Die gußeisernen floralen Ornamente, die Fassadenkränze, die beigefarbenen Keramikfliesen und die riesigen Buntglasvitragen brachte der armenischstämmige Architekt Nikolai Bayev mit.

1920 tagte in diesem Gebäude der **erste Parteikongress der Sowjets.** Im Anschluss daran wurde der Prachtbau in ein Opernhaus umgewandelt. Die erste Oper der muslimischen Welt („Leila und Madschnun") wurde 1908 zunächst im ebenfalls von dem großen Mäzen erbauten Aserbaidschanischen Musicaltheater und später dann auch an diesem Ort aufgeführt. Heute finden hier sowohl **Opern- als auch Ballettaufführungen** in aserbaidschanischer Sprache statt.

Die **Nizami küçesi** erinnert den Flaneur an Paris, nachts erstrahlen die über der Straße hängenden Kronleuchter in hellem Orange. An manchen Stellen heißt es jedoch aufgepasst: Bei einigen Wohnhäusern ist nur die Fassade mit dem hochwertigen Sandstein neu, dahinter verbirgt sich ein Plattenbau und die Hofseite wurde schlicht nicht mitrenoviert. Auch können nun einige Fenster nicht mehr geöffnet werden ...

› Nizami küç. 95, Metro: Sahil, Tel. 4930818, www.tob.az/index.html, Tickets: https://iticket.az/venues/azerbaycan-dovlet-akademik-opera-ve-balet-teatri

EXTRATIPP

Brothaus

Auf dem Weg von der Metro-Station Sahil zur Oper 32 kommt man am Brothaus vorbei. Auch wenn die deutschen Gründer längst über alle Berge sind, hier findet man authentische, hübsch sortierte deutsche Backwaren wie Vollkornbrot, Schwarzwälder Kirschtorte, Käsekuchen, Bienenstich oder Mehrkornbrötchen – dazu einen Coffee to go … und weiter geht's!

9 [E2] **Brothaus,** Bülbül prospekti 21, Metro: Sahil, www.brothaus.az, Tel. 4935869, geöffnet: tägl. 8–20 Uhr

33 Axundov-Bibliothek (Axundov kitabxanası) ★ [E2]

„Der Tag wird kommen, an dem wir Zugang zu den Büchern haben werden, die in Europa und in anderen Teilen der Welt gelesen werden." Der Namenspatron der öffentlichen Bücherei, **Mirzə Fətəli Axundov** (1812–1878), war ein aserbaidschanischer Aufklärer, Schriftsteller und Philosoph, der sich zeit seines Lebens für die Entwicklung der Philosophie, des Buchdrucks und der Dramaturgie im gesamten islamischen Orient einsetzte. Der als „aserbaidschanischer Puschkin" gefeierte Säulenheilige kämpfte gegen die Rückständigkeit seines Landes und versuchte, religiösen Fanatismus zu überwinden.

Die heute „Azerbaijan National Library" genannte Bücherei wurde 1922 gegründet, zog aber erst nach Vollendung des eindrucksvollen Ensembles im Jahr 1960 in diese heiligen Hallen. Der bekannte Architekt Mikayıl Useynov schuf mit diesem zur „Bakuer Sowjetmoderne" gehörenden Gebäude ein Juwel mitsamt den Arkadenreihen mit Statuen bedeutender Geistesgrößen wie etwa Puschkin, Gorki, Nizami, Hajibeyov, Mendelejew, Rustaveli oder Vurgun. Der Eingangsportikus lockt den Besucher in einen riesigen Fundus an Büchern aus der alten und neuen Welt.

› Khagani küç. 29, Metro: Sahil, Tel. 4934003, http://anl.az, geöffnet: Di.–So. 10–20 Uhr, Juli bis August nur bis 17 Uhr. Hier findet man auch westeuropäische Übersetzungen aserbaidschanischer Literatur. Die Bücher werden nicht ausgeliehen, aber auf Wunsch innerhalb eines Tages kopiert.

34 Bahnhofsvorplatz (Dəmir Yolu Vağzalı) ★★ [F1]

Der riesige Bahnhofsplatz atmet Geschichte. Dominiert wird er von einem palastartigen Riesengebäude mit einem minarettähnlichen Turm, dem Sabunçu-Bahnhof, benannt nach dem Bakuer Vorort Sabunçu. Zwischen Sabunçu und Baku fuhr im Jahr 1926 die erste elektrische Eisenbahn. 1929 erhielt ein russischer Architekt namens Nikolai Bajew den Auftrag, ein imposantes Bahnhofsgebäude mit östlicher Exotik zu entwerfen. Er ließ sich von den Schnitzereien des Şirvanşah-Palasts 5 inspirieren und schuf exzentrische eckige Torbögen mit *muqarnas* (s. S. 21), den sogenannten Stalaktitengewölben. Der helle Kalkstein und die kleineren Kuppelaufbauten verleihen diesem Prachtbau eine ebenmäßige Eleganz mit mittelalterlicher Aura.

KLEINE PAUSE

Die **XXL-Caspian Terrace** im 20. Stock des **The Landmark Hotels** (s. S. 124) befindet sich 10 Gehminuten von der Bibliothek 33 entfernt und lohnt einen Boxenstopp.

KURZ & KNAPP

Bakuer Sowjetmoderne

Zusammen mit dem Architekten Sadiq Dadaşov begründete Mikayıl Useynov eine orientalische, spielerische Variante des Stalin-Empire-Stils. Im Stadtbild finden sich fast 200 Gebäude des erfolgreichen Duos. Von 1920 bis zum Tod von Dadaşov 1946 arbeiteten sie zusammen, danach führte Useynov das Geschäft bis in die 1970er-Jahre weiter. Die opulenten Bauten zeichnen sich vor allem durch Spitzbogenarkaden, südländische Loggien und mehrgeschossige Erker im oberen Fassadenbreich aus. Die Hauptinspirationsquelle war der Şirvanşah-Palast 5, dessen Entwurf und Ornamentik die beiden Architekten intensiv studiert hatten.

Man würde nicht meinen, dass dieses Bahnhofsgebäude fast 50 Jahre nach dem **Tifliser Bahnhof** (Tiflis vağzalı) ein paar Meter weiter gebaut wurde. Ihn zieren maurische Hufeisenbögen, Kuppelaufbauten und Säulen, die ein Architekt aus Sankt Petersburg für die erste Fernverkehrsstrecke der **Transkaukasischen Eisenbahn** ersann.

Diese wichtige Verbindungstraße nahm 1883 den Verkehr auf und verband die beiden Hauptstädte des Kaukasus, Tbilisi (Tiflis) und Baku. Der eigentlich aus Ägypten nach Spanien importierte „maurische Stil" schaffte es auf diese Weise bis ans Kaspische Meer und bereicherte hier den orientalischen Baustil um eine verspielte, romantische Variante.

Das in Hellgelb erstrahlende fünfgeschossige Ensemble am östlichen Ende des Platzes ist die **Staatliche Ölakademie.** Die beiden Architekten Sadıq Dadaşov und Mikayıl Useynov entwarfen diesen Annex-Bau im konstruktivistischen Stil, zu erkennen an den Rundbalkonen, den verglasten Treppenhäusern, den langen Fensterbändern und den Stelzen im Eingangsbereich. Die beiden Architekten gelten als die Begründer der „Schule der Moderne von Baku".

› Metro: 28 May (Aus- und Eingang auf dem Platz)

EXTRATIPP

Am Südende des Platzes befindet sich die **28 Mall** (s. S. 83) mit großem Foodcourt und schöner Terrasse im obersten Stock.

KLEINER ABSTECHER

Yaşıl Bazar

Die Seidenstraßenvergangenheit hat in Baku an den verschiedensten Stellen ihre Spuren hinterlassen. Dieser pieksaubere Basar ist ein **Eldorado für Feinschmecker und Marktflaneure.** Vornehmlich Einheimische kaufen hier Früchte, Obst, Kräuter, Gemüse, Fisch und Fleisch sowie natürlich Kaviar, Nüsse und getrocknete Früchte. Verkauft werden die Waren von Bauern, die aus dem Großraum Baku hierherkommen. Auffallend ist, dass die – oft betagten – Bäuerinnen meist Kopftuch tragen. Es gibt keine kaukasische Spezialität, die es in dieser neuen Markthalle nicht gibt. In den kleinen Lädchen am Rand werden auch Tee, Kaffee, Suppen und Eingemachtes angeboten. Ein authentisches Orienterlebnis, Feilschen inklusive!

10 [dh] **Yaşıl Bazar,** Xətai küç/Ecke Firdovsi Məmmədov (hinter dem Bahnhof), Metro: 28 May, tägl. 6–22 Uhr

35 Blaue Moschee (Əjdərbəy məscidi) ★★ [ch]

Am Heydər-Əliyev-Platz mit Denkmal vorbei taucht plötzlich diese hübsche Moschee neben dem Zirkus auf. Die Farbe Blau bezieht sich nicht auf die wunderbare, tatsächlich vornehmlich in Blau (und Weiß) gehaltete Kuppelbemalung, sondern auf die Außenkuppel, die bis zu ihrer Neugestaltung im Jahr 2012 gänzlich in ein blaues Gewand gehüllt war. Ungewöhnlich war dieser 1912 entstandene Sakralbau von Beginn an. Ein mit Fensterreihen ausgestalteter Kuppeltambour ist für die Kaukasusländer eher selten und geht auf eine Eingebung des Bauherrn, Ölbaron und Philanthropen Əjdər Aşurbəyov zurück, der viel in Zentralasien unterwegs war. Die kleine Halbkuppelnische im vorderen Bereich ist der Mihrab, in dem der Imam während des Gebets steht.

Die Moschee ist bis heute ein gemeinsames Gotteshaus für Sunniten und Schiiten, auch die Stalinzeit konnte ihr nichts anhaben.

› Səməd Vurğun küç. 76, Metro: 28 May

Der Spion, der aus der Wärme kam

Richard Sorge wurde 1895 in Baku geboren. Sein Vater war als deutscher Ingenieur ans Kaspische Meer gekommen, um auf den Ölfeldern zu arbeiten, seine Mutter war gebürtige Russin. 1898 zog die Familie von Baku nach Berlin, Sorge meldete sich zum Militär. Im Ersten Weltkrieg wurde er verwundet, danach studierte er Politikwissenschaften. Er beschäftigte sich mit den Schriften von Karl Marx und trat in den Ortsverband der KPD in Frankfurt ein. Er promovierte im Jahr 1919 und wurde dann von Komintern-Funktionären als Agent angeworben. 1924 reiste der überzeugte Kommunist nach Moskau und wurde ein Jahr später Mitglied der KPdSU.

Ab 1929 spionierte er getarnt als deutscher Journalist für den sowjetischen Geheimdienst in China. Als Korrespondent der Frankfurter Zeitung arbeitete er dann in Japan weiter und baute in den folgenden Jahren ein Informantennetzwerk auf. Sorge informierte den sowjetischen Nachrichtendienst über den Antikomintern-Pakt zwischen dem Deutschen Reich und Japan und warnte vor dem Angriff auf Pearl Harbor. Stalin glaubte ihm nicht, als dieser zwei Tage vor dem Überfall der Wehrmacht auf die Sowjetunion den Angriff auf die Stunde genau vorhersagte. Da Sorge aber recht behalten hatte, stellte er von da an ein Sicherheitsrisiko für Stalin dar, da er diesen brüskiert hatte. Vor der Schlacht um Moskau Ende 1941 verbreitete Sorge die wichtige Information, dass Japan die Sowjetunion im Osten nicht angreifen würde. Dieses Mal glaubte ihm Stalin, Marschall Schukow änderte seine Pläne, zog Truppen aus Sibirien ab und verlagerte sie Richtung Moskau. Sorge hat mit der Weitergabe dieser Information einen großen Einfluss auf den Verlauf des Zweiten Weltkrieges ausgeübt und war einer der brillantesten „Kundschafter des Friedens". Er wurde schließlich enttarnt, von Moskau fallengelassen und 1944 nach dreijähriger Haft in Japan gehängt.

› *Filmtipp: Richard Sorge – Spion aus Leidenschaft, DVD 2007*

36 Richard-Sorge-Denkmal (Richard Sorge abidəsi) ★★ [cg]

Das Denkmal zu Ehren des Spions Richard Sorge ist wohl das einzige dieser Art weltweit. Sowjetische Denkmäler waren ohnehin meist nüchterner und weniger persönlich. Die latent düstere Augenpartie von „Moskaus Mann in Tokio" wurde detailgenau übernommen. Hinter dem Entwurf stehen der russische Bildhauer Vladimir Tsygal und der aserbaidschanische Architekt Ramin Əliyev.

Zum Zeitpunkt der Errichtung 1980/1981 leuchteten die zweifelsfrei katzenhaften Augen von Sorge im Dunkeln. Leider hat die phosphoreszierende Farbe jedoch mit den Jahren an Strahlkraft eingebüßt. Eingeweiht wurde das imposante Denkmal 1981 von dem damaligen Ersten Sekretär der Kommunistischen Partei, dem späteren Präsidenten Aserbaidschans, Heydər Əliyev.

Als in den 1990er-Jahren die Denkmaldämmerung in den Staaten der früheren Sowjetunion und damit auch in Aserbaidschan begann, beschlossen die Stadtoberen überraschenderweise, dieses Denkmal an Ort und Stelle zu belassen. Das hatte ganz praktische Gründe, die halbrunde Bronzeplatte, aus der die dämonischen, mit Augenringen und Falten fein herausgearbeiteten Augen des sowjetischen, vornehmlich in Japan und China arbeitenden Meisterspions hervorstechen, wog 32 Tonnen. Der Zweig eines japanischen Kirschbaums und die dramatischen Einschusslöcher sind noch schemenhaft zu erkennen. Das Denkmal steht etwas abseits des Zentrums in einem schönen Park.

› Richard Sorge Parkı/Ecke Səməd Vurğun küç., Metro: 28 May

Sahil

Für Liebhaber von moderner Kunst und Weltklassearchitektur der Gegenwart führt kein Weg an diesen magischen, nördlich vom Stadtzentrum gelegenen Orten vorbei.

37 Museum für Moderne Kunst (Müasir İncəsənət Muzeyi) ★★★ [H1]

Kein Geringerer als **Jean Nouvel** hat dieses unscheinbar wirkende Hochhaus entworfen. Es ist Teil eines schon geplanten, aber erst noch zu bauenden Ensembles, zu dem ein Wolkenkratzer von Frank Gehry gehört, der mit einer Promenade zum Meer aufwarten soll. In den unteren beiden Etagen des etwas hermetisch wirkenden Baus eröffnet sich jedoch **ein riesiger, luftig weißer Museumsraum** mit offenen Wänden, langen Gängen und eigenwilligen Metallkonstruktionen. Ausgestellt sind sehenswerte **Gemälde und Skulpturen der aserbaidschanischen Moderne.** Auch temporäre **Fotoausstellungen** finden hier statt.

Die meisten der fast 800 Exponate stammen aus der zweiten Hälfte des 20. Jh., vornehmlich aus der Zeit der Avantgarde, den 1960er- und 1970er-Jahren. Künstler wie **Ashraf Murad, Səttar Bəhlulzadə, Tahir Salahov** (s. S. 19) und **Mahmud Rustamov** sind ebenso vertreten wie **Salvador Dalí, Pablo Picasso** und **Marc Chagall**, allerdings jeweils mit nur einigen Werken. Das Enfant terrible der Kunstszene, **Rasim Babayev** (s. S. 48) betört den Besucher mit einigen großformatigen Tableaus, etwa dem von den Kobolden, die in die Altstadt von Baku einfallen. Die expressionistischen Bilder zum The-

Rasim Babayev – der kaukasische Picasso

An Rasim Babayev führt in Baku kein Weg vorbei: Seine teuflisch verschmitzten Unholde finden sich nicht nur in Museen und Galerien, sondern auch an Hauswänden. Der aus Baku stammende expressionistische Maler studierte zwischen 1945 und 1949 an der Staatlichen Kunstschule in Baku. 1949 ging er nach Moskau und wunderte sich, als im Puschkin-Museum kein einziges Kunstwerk hing, sondern nur Geschenke, die Stalin aus aller Welt bekommen hatte. 1956 beendete er sein Studium, jedoch ohne Abschluss, den hatte man ihm versagt. Nach dem gegen ihn erhobenen Vorwurf des „Formalismus" verließ er die Hauptstadt der Sowjetunion und kehrte in seine Heimat zurück. Hier begann eine beispiellose Künstlerkarriere.

Schwer vorstellbar, dass Babayev in den rebellischen 1960er-Jahren vornehmlich Schwarz-Weiß-Grafiken als Buchillustrationen schuf, die die melancholische Seite seines Heimatlands zeigen sollten. Die von ihm heute bekannten und einprägsamen, vor allem in Museen in Aserbaidschan, Russland, den USA und Frankreich zu findenden Bilder sind raumgreifende, grellbunte Ölgemälde oder Zeichnungen mit obskuren, rundgesichtigen Figuren mit Hörnern, die auch Laien als Teufel beziehungsweise Unholde enttarnen.

Das Böse hatte den Maler schon als Kind fasziniert, oftmals wurde er in Träumen von solcherlei diabolischen Gestalten verfolgt. Dass er im Grunde seines Herzens die Sowjetherrscher als Teufel darstellte, gab er nie zu. Aber wer sollten schon die bunten Teufelsgesellen sein, die sich z. B. auf dem Gemälde „Über den Dächern der Altstadt von Baku" im Museum für Moderne Kunst 37 *tummeln und wie einst Woland aus dem Roman „Der Meister und Margarita" von Michail Bulgakov über Moskau, in diesem Fall über Baku, zu fliegen scheinen. Seine exzentrischen Malereien wurden in den Museen oftmals abgehängt oder gar nicht erst ausgestellt, wenn hoher Besuch erwartet wurde. Zu subversiv waren seine Motive, Babayev sollte keine Nachahmer generieren. Es war nur allzu offensichtlich, dass er sich traute, die großen Themen anzugehen, ohne jedoch konkret Kritik am System zu üben. Unbeugsam wie er war, kamen weder Porträts etwaiger hoch dekorierter Staatenlenker noch Themen wie die Industrialisierung auf seine Tableaus, Auftragsmalereien nahm er nicht an.*

Die abstraktesten seiner Werke zeigen Adam, Eva oder Teufel mit zwei oder mehr Gesichtern, Armen, Fingern und Köpfen. Nicht von ungefähr wurde er „der Picasso des Kaukasus" genannt. „Meine Bilder sind meine Kinder, wenn ich es nicht müsste, um leben zu können, würde ich keines von ihnen verkaufen", sagte Babayev Ende der 1990er-Jahre. Die Unabhängigkeit seines Landes war für ihn ein lebenslanger Traum, der 1991 Wirklichkeit wurde. Er prophezeite Aserbaidschan eine rosige Zukunft, bevor er 2007 kurz vor seinem 80. Geburtstag starb. Er gilt als einer der wichtigsten Künstler Aserbaidschans des 20. Jh. 2008 zeigte die MC Gallery in New York seine Zeichnungen, 2014 veranstaltete das Russische Museum in St. Petersburg eine Retrospektive.

ma „Ölarbeiter in Baku“ von **Tofiq Cavadov** sind ebenfalls sehenswert.

In die Rubrik Gegenwartskunst fallen auch die Skulpturen und Bilder, die die First Lady **Mehriban Əliyeva** und ihre Tochter **Leyla Əliyeva** kreiert haben. Die jedes Jahr in einem ausgelobten Wettbewerb zu bemalenden Jungfrauentürme in Miniformat (ca. 1 Meter hoch) sind ebenfalls ausgestellt. Auch da legen die First Ladies gern Hand an ...

› Yusif Safarov küç. 5, Metro: Xətai, Bus 30, 46 und 49 halten direkt vor der Museumstür, www.mim.az, Tel. 4908403, Di.–So. 11–18 Uhr, mit Café, Eintritt 10 ₼. **Das Museum wird derzeit renoviert und soll Ende 2018 wieder eröffnet werden.**

38 Villa Petrolea der Brüder Nobel ★★ [fh]

Die einstige, mit Bohrtürmen übersäte Schwarze Stadt (s. S. 105) am damaligen Stadtrand von Baku, die gerade in eine White City umgewandelt wird, bot viele Jahre lang nur eine einzige Oase, und das war der riesengroße **paradiesische Garten mit der Villa Petrolea.** Das repräsentative Wohnhaus der Brüder Nobel wurde 1884 fertiggestellt und Anfang der Nullerjahre aufwendig saniert. Der Begriff „Southfork Ranch im Kaukasus“ im Anlehnung an die Fernsehserie „Dallas“ ist nicht weit hergeholt, hatten die Nobels doch einen unermesslichen Reichtum mit dem Ölgeschäft erwirtschaftet.

Das Hauptgebäude der sehenswerten opulenten Residenz ist heute ein **Herrenklub**, der jedoch in Teilen besichtigt werden kann. Das Interieur ist noch so erhalten wie es die Nobels hinterlassen haben. Original Rasim-Babayev-Gemälde an den Wänden zeigen teuflische Wesen, die letztlich der Öldynastie am Kaspischen Meer den Garaus gemacht haben.

› Nobelski prospekti 57/2, Metro: Xətai (besser Taxi), www.bakunobel.org, Tel. 4244020, geöffnet: Mo.–Fr. 11–18 Uhr, Eintritt frei

39 Heydar Aliyev Center (Heydər Əliyev Mərkəzi) ★★★ [eg]

Fast 60.000 m² groß ist das von Zaha Hadid Architects in London entworfene **spektakuläre Ausstellungszentrum**, das sich wie ein weißer Riesenfisch in die vornehmlich aus ockerfarbenen Rechteckbauten bestehende Stadtlandschaft von Baku verirrt zu haben scheint. Das organische Prachtensemble sieht von allen Seiten anders aus und ist ein Fotomotiv der Extraklasse. Für den fantastischen, geradezu überirdischen und ohne einen einzigen rechten Winkel konzipierten Museumsbau hat **Zaha Hadid Architects** mehrere Preise erhalten.

Nach einem obligatorischen Fotostop am Fuße des Zentrums vor dem „I love Baku“-Schriftzug sollte man in jedem Fall in das Zentrum hineingehen. Die über mehrere Ebenen fließenden Ausstellungsebenen und Sichtachsen sind an sich schon ein Erlebnis. Vor allem lohnt der Besuch der **Ausstellung „Mini-Aserbaidschan“**, in der es 50 liebevoll nachgebaute Miniaturgebäude aus dem ganzen Land im Maßstab 1:33 zu sehen gibt. Der Besuch ist eine Kurzreise durch die spannende Architekturgeschichte der Stadt. Auch das Modell des nach dem früheren, verdienstvollen Präsidenten Aserbaidschans, Heydər Əliyev, benannten Zentrums ist mindestens so atemberaubend wie der Bau selbst.

Die Brüder Nobel im Ölfieber

Die Entwicklung der Erdölindustrie weltweit ist untrennbar mit der Stadt Baku verbunden. Schon im Jahr 969 war bekannt, dass der Boden rund um Baku über riesige Öl- und Gasreserven verfügte. Das Feuer gab dem Land seinen Namen, Aserbaidschan heißt übersetzt „Land des Feuers". In den folgenden Jahrhunderten wurden die Bohrlöcher noch von Hand gegraben, das kostbare Gut in Weinschläuchen auf Kamelrücken in ferne Länder wie Indien und Arabien verbracht, wo es als Heilmittel, Lichtquelle und Brennstoff begehrt war.

Nachdem Aserbaidschan 1806 durch das russische Zarenreich annektiert worden war, wurden 1813, im Friedensvertrag zwischen Russland und Persien, die Ölfelder verstaatlicht. 1823 wurde in Baku eine der ersten Petroleum-Fabriken gebaut, 1844 konnte die erste mechanische Ölpumpe auf dem Ölfeld Bibi Heybat im Süden der Stadt in Betrieb genommen werden, mehr als zehn Jahre bevor ähnliche Geräte in den USA zum Einsatz kamen. Nachdem 1863 die erste Kerosinfabrik fertiggestellt wurde, konnte der wertvolle Brennstoff den destillierten Alkohol, Talg und Walfischspeck als Leuchtmittel ersetzen. Kerosin war das erste Ölprodukt „made in Baku".

Der entscheidende Aufschwung Bakus vollzog sich jedoch erst 1872, als Alexander II. den Ölfarmern die Quellen zum Kauf anbot. In den folgenden zehn Jahren stieg die Produktion auf das Sechzigfache und zog Glücksuchende aus aller Welt an, auch zwei der drei Brüder der bekannten Erfinderdynastie Nobel aus Schweden, Ludwig und Robert. Auf der Suche nach Walnussholz für stabile Gewehrschäfte waren sie nach Baku aufgebrochen, doch das Holz, das Robert fand, war schon verbaut, und zwar für massenhaft herumstehende Bohrtürme. Das brachte ihn auf die Idee, Anteile an Ölquellen zu kaufen. Die beiden gründeten die Firma Branobel und setzten Dampfmaschinen zum Bohren von Öl ein. Um das Öl einfacher aus den Fördergebieten im Süden Bakus zu den Raffinerien in der Schwarzen Stadt (s. S. 105) transportieren zu können, bauten sie eine innerstädtische Pipeline - ein Novum. Der Export von Öl blieb jedoch kompliziert. Nach den Kamelen kamen die Segelschiffe, die die Holzfässer mit Öl mühsam über die Wolga durch Russland über das damalige Zarizyn, heute Wolgograd, weiter bis nach Sankt Petersburg und nach Europa schipperten.

024ba

Ludvig Nobel war der Bruder von Alfred und Robert Nobel und Erfinder des Öltankers

Das Jahr 1879 brachte eine entscheidende Wendung: Der von den Brüdern Nobel erfundene und in Schweden gebaute erste seetüchtige Öltanker weltweit stach von Baku aus in See. Er wurde „Zoroaster" (Zarathustra) getauft und konnte nun auf rentable Weise riesige Mengen in viel kürzerer Zeit in den Iran, nach Russland und nach Europa verfrachten. Zylindrische Tanks hielten das Schiff in Balance, einige von ihnen waren zur Stabilisierung mit Wasser gefüllt. Da die Nobels kein Patent auf diesen Schiffstyp angemeldet hatten, bauten die Amerikaner ihn bald nach. Im Osten von Baku ließen die Nobels ein Industriegebiet namens „Schwarze Stadt" mit Arbeitersiedlungen, einem riesigen Park und ihrem Wohnhaus, der Villa Petrolea 38*, bauen.*

1883 bekamen die Brüder Nobel auch in Baku selbst Konkurrenz, als ein Ableger der Familie Rothschild aus Frankreich die „Caspian and Black Sea Oil Company" gründete und ebenfalls dem Ölfieber verfiel. Baron Rothschild ließ eine Eisenbahnlinie durch den Kaukasus zum georgischen Schwarzmeerhafen Batumi bauen, die 1883 mit dem Einsatz von Mannesmann-Tunnelröhren made in Germany fertiggestellt werden konnte und erstmals den Transport von Öl in Holzfässern per Eisenbahn ans Schwarze Meer und von dort nach Europa und nach Amerika ermöglichte, eine Konkurrenz für die Tankerflotte der Nobels. Dafür hatten die schwedischen Tanker 1885 auch den Atlantik erobert.

In Europa und in den USA wurden Lokomotiven mit Kohle betrieben, während im Kaukasus flüssiges Petroleum als Treibstoff eingesetzt wurde. Nach 1893 revolutionierte die deutsche Erfindung des Diesel-Motors die Schifffahrt und die Antriebsmechanik der Erdölfördertürme. 1905 entfielen 51 % des weltweit geförderten Öls auf Baku.

1906 konnte die mit dem Geld der Rothschilds und mit dem Dynamit von Alfred Nobel parallel zur Eisenbahntrasse konstruierte Pipeline von Baku nach Batumi in Betrieb genommen werden. 1912 übernahm die britisch-niederländische Firma Shell 80 % der Aktien der Caspian and Black Sea Oil Company. Ein jähes Ende fand der erste Ölboom 1917 mit dem Ausbruch der Oktoberrevolution und der damit verbundenen Verstaatlichung der Ölkonzerne. Das kaspische Öl brachte der Sowjetunion wertvolle Devisen. Öffentliche Transportmittel wurden ausgebaut, Kulturpaläste und Prunkbauten zeugen bis heute von diesem sozialistischen Boom. Die Baku-Batumi-Pipeline wurde 1939 teilweise abgebaut, um sie vor den herannahenden deutschen Truppen zu schützen. Als Stalin außerdem verfügte, 700 Ölquellen rund um Baku mit Beton zu verplomben, damit sie Nazi-Deutschland nicht in die Hände fielen, endete somit auch die erste Boomphase der einstigen Welthauptstadt des Öls.

› *www.branobelhistory.com/contact: Diese informative Website zeigt die vielen Facetten des Ölbooms, insbesondere der Familie Nobel anhand von Filmmaterial, Textfragmenten und Auszügen aus dem Buch „Imperija Nobel" von Brita Asbrink, noch dazu auf Englisch – eine Fundgrube!*

023ba-hmj

⌃ *Die Künstlerin Laurence Jenkell erfand die Bonbon-Flaggen, die vor dem Heydar Aliyev Center (39) stehen*

KLEINE PAUSE

Café im Heydər Əliyev Mərkəzi
Auf organisch geschwungenen Ledersofas, umgeben von tentakelartigen Grünpflanzen in einem ansonsten grellweiß gehaltenen Café, atmet man Weltstadtflair bei Caffè Latte und aserbaidschanischem Gebäck.

Im Grunde muss man im Dunkeln noch einmal wiederkommen, nachts entfalten die Leuchtmembran und die spezielle Lichttechnik der Außenhaut ein warmes, fast orangefarbenes Licht und lassen spätestens jetzt den Besucher verzaubert zurück.

› Heydər Əliyev prospekti 1, Metro: Nəriman Nərimanov, www.heydaraliyevcenter.az, Tel. 5056001, Di.–So. 11–18 Uhr, Eintritt 15 ₼, Tickets auch auf der Website erhältlich

Entdeckungen außerhalb des Zentrums

Die spannenden Ausflugsstätten außerhalb von Baku sind alle innerhalb von einer Stunde zu erreichen, allerdings nur mit Taxi oder Bus. Es ist sogar denkbar, alle Ziele nacheinander an einem Tag zu besuchen, mit Ausnahme der UNESCO-Stätte Qobustan (45), für die man einen oder einen halben Tag einplanen sollte. Bei der Überlandfahrt durch die noch immer von Fördertürmen durchzogenen Außenbezirke bekommt man einen ganz anderen Einblick in den Alltag vieler Aserbaidschaner abseits der Glitzerwelt.

(40) Bibiheybət-Moschee (Bibiheybət məscidi) ★★★

Das morbide Hafenareal und das alte Ölfeld zu Füßen der 1936 von den Bolschewiken zerstörten und 1997 neu erbauten Moschee wurde in dem James-Bond-Film „Die Welt ist nicht genug“ verewigt. Der eigenwillige Prachtbau vor mystischer, wenig anheimelnder Industriekulisse wurde anstelle der zerstörten Moschee gleichen Namens aus dem 13. Jh. über dem Grab eines Nachfahren von Mohammed (Ukeyma Khanum) wiedererbaut, natürlich eine Nummer größer. Absolut sehenswert ist die **Kuppelgestaltung, die mit über 100.000 vornehmlich türkisfarbenen, orangenen und kobaltblauen Mosaiksteinchen** den gesamten Raum in ein wassergrünes Licht tauchen.

⌃ *Die Kuppel der Bibiheybət-Moschee ist in jeder Hinsicht außergewöhnlich*

025ba-hmj

Alexandre Dumas der Ältere war von dem Ursprungsbau auf seiner neunmonatigen Kaukasusreise in den 1850er-Jahren so begeistert, dass er ihn in seinem Buch liebevoll als „Fatima-Moschee“ bezeichnete.

Der Legende nach kamen Frauen mit Kinderwunsch hierher, um um Nachwuchs zu ersuchen. Der von Sanan Sultanov entworfene Neubau wurde mit zwei Minaretten, fein ziselierten Steinmetzarbeiten an der Fassade und Zitaten aus dem Koran ausgestaltet.

› Salyan şose, Bus oder Taxi, tägl. 9–20 Uhr

41 Şıxov-Strand (Şıxov çimərliyi) ★★

Dieser stadtnahe Sandstrand besticht nicht durch seine atemberaubende Schönheit. Er bietet jedoch feinen **Sand, Liegestühle,** ein paar hochgelobte **Lokalitäten,** die sich abends zudem in Tanztempel verwandeln ... und eine Attraktion, die weltweit ihresgleichen sucht. In Schwimmnähe zum Ufer thront eine **gigantische ausrangierte Ölplattform,** die der Szenerie etwas Bizarres und Surreales verleiht und auch schon in dem James Bond Film „Die Welt ist nicht genug“ als Kulisse diente. Wer also immer schon mal eine Plattform aus der Nähe sehen wollte und gut schwimmen kann, sollte sich am besten mit

KLEINE PAUSE

Darya Fish House

Hier sitzt man entweder direkt am Strand unter einer Pergola oder in einem lichtdurchfluteten Holzpavillon über dem Meer und genießt frischen Fisch und andere Leckereien.

11 **Darya Fish House** ᵐ-ᵐᵐ, Namiq Quliyev 4, zu Fuß, mit dem Taxi oder Bus erreichbar, hinter der Moschee links abbiegen, die Straße dorthin führt steil bergab, http://deryafishhouse.az, Tel. 5814548, tägl. 9–23.30 Uhr.

026ba-hmj

Taucherbrille und (wasserfestem) Handy auf den Weg machen. Ein Selfie-Spot wie nicht von dieser Welt ... vom Ufer aus ist der Effekt übrigens ähnlich gut.

› Salyan şose, mit Taxi oder Bus (Shuttle Crescent Beach Hotel oder gleichnamige Haltestelle)
› Im Ramada oder Crescent Beach Hotel (s. S. 124) kann man sich eine Liege organisieren und mit Getränken und Speisen versorgen, im Mambo Beach Club (s. S. 77) nebenan kann man den Tag auch tanzend ausklingen lassen.

42 Ateşgah-Feuertempel (Ateşgah ateş məbədi) ★★

Im Stadtteil Surachani standen früher die wie spitz zulaufende, gezimmerte Pyramiden aussehenden Bohrtürme, die man „Brunnen" nannte. Hier steht auch **einer der besterhaltenen Feuertempel der Erde.** „Ateşgah" bedeutet übersetzt „Hort des Feuers". Aus Indien kamen im 6. Jh. die Zoroastrier genannten Feueranbeter hierher und bauten eine Feuerstelle, da sich herumgesprochen hatte, dass im Land des Feuers leicht flammbares Öl aus dem Boden schlug. Zu anderen Zeiten war der Tempel das Zentrum des Hinduismus und des Sikhismus. Auch die Inschriften sind teilweise auf Hindi und auf Sanskrit verfasst. Der heutige Tempel an historischer Stelle stammt aus dem frühen 18. Jh. und wird nicht mehr mit einer natürlichen ewigen Flamme versorgt, sondern mit einem Gastank. Vergleichbare Tempelanlagen findet man im Iran (Isfahan) und in Georgien. Erst kürzlich wurde das gesamte Areal des denkmalgeschützten Feuertempels in eine Gesamtanlage eingebettet, zu der auch ein kleines **Museum** gehört. Dort werden Ölbilder im wahrsten Sinne gezeigt. Sie wurden mit Rohöl gemalt und weisen daher ausnahmslos bräunliche Schattierungen auf.

› Surachani, Atamoğlan Rzayev küç., erreichbar mit Bus 184 von der Metrostation Nariman Narimanov, auf Facebook, Tel. 994557879870, geöffnet: 9–18 Uhr, Eintritt: 8 ₼
› **Museum:** tägl. 9–18 Uhr. Im Museumsshop gibt es einen Mini-Feuertempel und andere schöne Souvenirs, die in Handarbeit vor Ort gefertigt werden. Das zum Areal gehörende Restaurant bietet lokale Gerichte und ist vornehmlich auf Gruppen ausgelegt.

Vom Şıxov-Strand 41 aus kann man zu der ausrangierten Ölplattform schwimmen

43 Heydər-Moschee (Heydər məscidi) ★★

Wie eine Fata Morgana taucht diese erst 2014 fertiggestellte Riesenmoschee mitten in einem Wohngebiet am Stadtrand von Baku unerwartet am Horizont auf. Vier 95 Meter hohe schlanke Minarette bilden die Eckpfeiler der mit zwei Kuppeln ausgestalteten, sich auf einem 12.000 m² großen Areal erstreckenden Moschee, die nicht nur für Sunniten, sondern auch für Schiiten erbaut wurde.

Sie ist nach der Achmat-Kadyrow-Moschee in Tschetschenien die **zweitgrößte im ganzen Kaukasus.**

Spektakulär sind nicht nur die riesigen Rolltreppen, auf denen die Gläubigen in den auf einem Hochparterre konzipierten Gebetstempel „fahren" können. Der Prachtbau ist vor allem ein **Musterbeispiel für die aserbaidschanische Steinmetzkunst.** Die gesamte Fassade ist in eine fein ziselierte, künstlerisch äußerst aufwendige Netzornamentik gehüllt. Nachts erstrahlt die von innen unerwartet schlichte Moschee in tausendundeinem orangefarbenen Licht und verschlägt dem Betrachter die Sprache.

› Hamza Babaşov küç, Metro: Nasimi, tägl. 11–18 Uhr

44 Yanar Dağ ★★

Unweit des Feuertempels 42 gibt es eine vermeintlich **seit tausend Jahren brennende Böschung an einem Hang.** Im Süden des Landes existieren auch brennende Berge und Flüsse, aber Yanar Dağ ist nur einen Katzensprung von Baku entfernt und lohnt einen Abstecher. Ungläubig steht man vor dem weder zu- noch abnehmenden Flammenmeer und wundert sich, wie viel Hitze das Gas verbreitet. Anders als in anderen Ländern, in denen man Feuer gern den Rücken kehrt, weil man es mit Gefahr assoziiert, ist Feuer für die Aserbaidschaner ein Symbol für Wärme, Licht und Schutz vor bösen Geistern. Die aus Indien stammenden Zoroastrier vergötterten das Feuer und siedelten in der Stadt, in der das Feuer scheinbar aus der Erde kam, in Baku. Seither gilt das Feuer hier als heilig.

› www.yanardag.az, geöffnet: tägl. 9–18 Uhr, Metro: Azadlıq, dann Bus 147, Eintritt: 4 ₼. Im Café nebenan gibt es Kaffee und Snacks.

027ba-hmj

⊡ *Die hohen Minarette der Heydər-Moschee sind ein Stilelement der türkischen Architektur*

45 Qobustan-Nationalpark (Qobustan Dövlət tarixi-bədii qoruğu) ★★★

Südlich von Baku fährt man am Sangachal Terminal und an der neuen Großbaustelle Khazar Islands vorbei und erreicht nach 60 Kilometern ein Hinweisschild mit der Aufschrift „Rock of Ages“. Biegt man dort ab, gelangt man zu einem außergewöhnlichen Ort. Der Nationalpark Qobustan gehört seit 2007 zum **UNESCO-Weltkulturerbe** und erstreckt sich über ein 500 Hektar großes Gebiet.

Mehr als 6000 steinzeitliche Fels- und Höhlenzeichnungen erzählen hier ihre eigene Geschichte. Sie wurden erst in den 1930er-Jahren entdeckt und sind teilweise 5000 Jahre alt. Sie deuten darauf hin, dass es zu jener Zeit schon Siedlungen an diesem Ort gegeben zu haben scheint. Die filigranen Strichzeichnungen zeigen einen ungeahnten Zeichenreichtum, etwa jagende und fischende Männer, schwangere Frauen, Schafe, Gazellen, Pferde, Fische, Vögel, aber auch Sonnenzeichen, Schiffe und Kampf- und Alltagsszenen. Ein sogenannter „Kommunikationsstein“ soll als Forum für Nachrichten von Jägern und Stämmen fungiert haben. In Felsen gehauene Vertiefungen könnten zum Sammeln von Flüssigkeit gedient haben. Das schön gemachte **Museum** wartet mit Kartenmaterial und Vergößerungen der Felszeichnungen auf, sodass man diese genauer betrachten kann.

› Qobustan, Lermontov küç. 3, Qobustan, www.gobustan-rockart.az, tägl. 10.30–16.30 Uhr, Eintritt: 4 ₼, Museum 3 ₼

•12 **Schlammvulkane (palçıq vulkanları).** 10 Kilometer südlich von Qobustan Richtung Ələt (Ausfahrt am Schild Dash Hill) gibt es Schlammvulkane zu sehen. Sie sind mausgrau und spucken unter großem Getöse graue Lava aus. Ein Naturschauspiel der Extraklasse. Da lohnt ein kleiner Umweg ...

Mehr Schlammvulkane als in Aserbaidschan gibt es nirgendwo

064ba-fo©arkady_z, stock.adobe.com

BAKU ERLEBEN

028ba-hmj

Baku für Kunst- und Museumsfreunde

Die Stadt ist ein **Eldorado für Kunst- und Museumsfreunde.** Seit 2007 ist Aserbaidschan mit einem eigenen Pavillon auf der Biennale in Venedig vertreten. Auf Initiative der First Lady Mehriban Əliyeva wurde 2009 das Museum für Moderne Kunst 37 ins Leben gerufen, in dem die Avantgarde mit 800 Werken vertreten ist. Die vielen Tausend Besucher der 2012 in Berlin, Wien, Rom, Moskau London und Paris gastierenden Ausstellung **„Fly to Baku"** staunten nicht schlecht, einen solchen Einfallsreichtum und eine solche ästhetische Schönheit der modernen aserbaidschanischen Kunstszene hatte wohl niemand erwartet. Zusammen mit der **Heydər-Əliyev-Stiftung** stellte die selbst als Künstlerin arbeitende Präsidententochter und Vizepräsidentin der Stiftung, Leyla Əliyeva, einen umfangreichen Querschnitt zeitgenössischer Kunst zusammen und verblüffte die Besucher mit beeindruckenden Video-Installationen, sinnlichen Fotoshoots aus Baku, großformatigen Ölgemälden und anmutigen Skulpturen. Mit dabei war auch der inzwischen international bekannte aserbaidschanische Teppichkünstler **Faig Ahmed** (s. S. 37). Der aus Baku stammende Künstler revolutioniert das Teppichgewerbe mit eigens von ihm gewebten 3D-Teppichen, aus denen Prismen herauszukommen scheinen. Althergebrachte Muster tauchen in neuer Farbgebung mit exzentrischen Mustern oder am Computer entworfenen schwarzen Ölflecken wieder auf. Zeitgenössische Künstler der älteren Generation wie **Tofiq Cavadov** mit seinen farbintensiven, expressionistischen Ölgemälden, **Vulgur Ali**, der es schafft, mit pastösen Strichen Jazzmusiker in ihrem Element nachzuzeichnen oder **Sanan Aleskerov**, einer der wichtigsten aserbaidschanischen Fotografen, werden abgelöst von ungemein kreativen Köpfen einer jungen Fotografengeneration. Dazu zählt etwa **Fakhriyya Məmmədova** mit ihrem „Wings of time"-Zyklus. **Aida Mahmudova** verblüfft mit meditativer Konzeptkunst, **Ragim Chopurov** setzt Granatäpfel in Szene, die **Künstlergruppe Oz** setzt in ihren Videoarbeiten ihre Träume um, in denen Fische fliegen können. **Farid Rasulov** malt grelle XXL-Formate im Stil von Norbert Bisky. Die eleganten Grafiken von **Leyla Əliyeva** sind meist schwarz-weiße Tuschezeichnungen mit Tiermotiven und geschickt gesetzten Farbtupfern, die im Museum für Moderne Kunst zu sehen oder auf Tücher und Handyhüllen gedruckt an den Baku-Corner-Ständen (s. S. 83) käuflich zu erwerben sind. Die Künstlerin und Herausgeberin des Hochglanzmagazins „BAKU" ist auch als Umweltschützerin tätig und setzt sich für bedrohte Tierarten ein, etwa das kaukasische Bison oder den kaspischen Stör. Zu dem Zweck hat sie eigens eine Organisation namens IDEA (International Dialogue for Environmental Action) gegründet.

◁ Vorseite: Die Auswahl an Teppichen ist groß, z. B. im Elgün Carpet Shop (s. S. 82)

▷ Das Teppichmuseum von Baku ist das modernste seiner Art weltweit

EXTRATIPP

In der Port Baku Mall (s. S. 84) befindet sich zwischen all den High-End-Shops im Erdgeschoss ein **ungewöhnlicher Kunstraum** namens Art Bahar, Art Yay, Art Payız oder Art Qış („Kunst-Frühling, -Sommer, -Herbst, oder -Winter"), je nach Jahreszeit. Große Plakate („Art") weisen den Weg ins schummrigschwarze Innere, das mit wunderbaren kleinen Ausstellungen meist einheimischer Künstler den Passanten verzaubert und ihn für einen Moment innehalten lässt.

Museen

4 [C4] **Atelier Tahir Salahov (Studiya Tahir Salahova):** Dieses Künstleratelier ist mehr als ein typisch sowjetisches Wohnhausmuseum. Der weltbekannte gebürtige Bakuer lebt seit den 1950er-Jahren in Moskau, hat aber noch mehr als einen Koffer in Baku, nämlich rund 600 Werke (s. S. 18).

M13 [E2] **Bülbül-Wohnhaus,** Bülbül prospekti 15, Metro: Sahil, Mo.–Sa. 10–17 Uhr, Eintritt: 3 ₼. Bülbül hieß eigentlich Murtuza Məmmədov und lebte von 1897 bis 1961 hier. Die Annalen der Stadt weisen ihn als berühmten Tenor und als Gründer des nationalen aserbaidschanischen Musiktheaters aus. Er wurde durch seine Rolle in der Oper „Asli und Karam" bekannt. 1921 durfte er in der Mailänder Scala auftreten, kehrte danach aber nach Baku zurück. Er verewigte sich auch mit dem Schreiben von Liedern und Lehrbüchern über die landestypischen Musikinstrumente Tar, Kamancheh und Balaban, die noch heute als Grundlage des lokalen Musiktheaters und des Muğam (s. S. 38) dienen.

39 [eg] **Heydar Aliyev Center (Heydər Əliyev Mərkəzi):** Der weiße, wellenförmige Riese ist eines der letzten Ausstellungszentren, das von Zaha Hadid entworfen wurde. Ein magischer Ort mit tollen Wechselausstellungen und Architekturmodellen ikonischer Gebäude aus ganz Aserbaidschan (s. S. 49).

23 [C5] **Internationales Muğam-Zentrum (International Muğam Center):** Der „Perle der Weltmusik" ist dieses Zentrum gewidmet. Das Museum öffnet abends, wenn die Konzerte stattfinden (s. S. 36).

6 [C4] **Miniaturbuchmuseum (miniatür kitab muzeyi):** Bei der Einrichtung handelt es sich um das einzige Privatmuseum dieser Art weltweit. Über 5000 kleine Kostbarkeiten verzaubern den Besucher. Fidel

059ba-hmj

030ba-hmj

Castro, Heydər Əliyev und Erich Honecker haben einen Ehrenplatz (s. S. 22).

37 [H1] **Museum für Moderne Kunst (Müasir İncəsənət Muzeyi):** Für europäische Augen und Geschmäcker ist das Museum ein Kontrapunkt zu dem, was man sonst sieht. Vor allem die Werke des „kaukasischen Picasso" (s. S. 48) lohnen eine Stippvisite (s. S. 47).

19 [D3] **Museumszentrum (Muzey Mərkəzi):** Seitdem das Teppichmuseum 24 in das neue Gebäude gezogen ist, finden in diesem neoklassizistischen Prachtbau vornehmlich Wechselausstellungen statt (s. S. 34).

17 [C4] **Nationales Kunstmuseum (Azərbaycan Milli İncəsənət Muzeyi):** Europäische, sowjetische, vor allem aber aserbaidschanische Künstler sind hier mit eigenwilligen Gemälden vertreten, etwa Sattar Bahlulzade und Tahir Salahov (s. S. 31).

11 [C3] **Nizami Literaturmuseum (Milli Azərbaycan Ədəbiyatı Muzeyi):** Geschichtsfans, denen das Historische Museum noch nicht ausführlich genug war, sind hier richtig (s. S. 26).

Der „kaukasische Picasso" Rasim Babayev (s. S. 48) hatte ein Faible für Kobolde, vor allem sowjetische …

5 [C4] **Palast der Şirvanşahs (Şirvanşahlar sarayı):** 600 Jahre alt ist der opulenteste Palast der Stadt. Als UNESCO-Weltkulturerbe fimiert die unbedingt besuchenswerte mystische Festung seit dem Jahr 2000 (s. S. 20).

15 [B3] **Rostropoviç-Wohnhaus (Rostropovič ev-muzeyi):** Das bescheidene weiße Reihenhaus zeigt die Spuren, welche die Familie des größten Cellisten aller Zeiten in ihrer Heimstatt hinterlassen hat (s. S. 29).

M14 [ck] **Stone Chronicle Museum,** State Flag Square, Metro: İçərişəhər (besser: Taxi), http://heydar-aliyev-foundation.org/en/content/view/136/3961/Stone-Chronicle-Museum, tägl. 10–19 Uhr, Eintritt frei. Das pompöse, 1921 von den Siemens-Brüdern erbaute Kraftwerk, von dem aus die Bohrtürme mit Strom versorgt wurden, wurde auf Betreiben der Heydər-Əliyev-Stiftung in ein Museum umgewandelt. Die beiden sanierten Industriegebäude warten jetzt mit einem Steinmuseum auf. Steinproben aus verschiedenen Regionen Aserbaidschans, auch Originalsteine mit Felsmalereien aus Qobustan, sind hier zu sehen. Grabsteine, Steinskulpturen und Gesteinsproben sind in den luftigen und mit riesigen Rundbogenfenstern ausgestatteten Räumen ebenfalls zu finden.

Vom Flaggenplatz erreicht man das Areal in 15 Minuten zu Fuß. Das Yarat Center (s. S. 62) und das Maya Mexican Restaurant (s. S. 71) befinden sich gleich um die Ecke. Richtung Meer kommt man zwangsläufig an der alten Dampflokomotive vorbei, die ein beliebtes Fotomotiv ist.

12 [D3] **Tağıyev-Villa (Milli Azərbaycan Tarixi Muzeyinin):** Es gibt keinen schöneren Ort, um sich über die Geschichte des Landes zu informieren. Das in diesen Hallen untergebrachte Historische Museum vereint Orient und Okzident auch in seiner Gestaltung (s. S. 27).

24 [C5] **Aserbaidschanisches Teppichmuseum (Azərbaycan Xalçası Muzeyi):** Hinter der Fassade des aufgerollten Teppichs verbirgt sich eins der modernsten Teppichmuseen der Welt (s. S. 37).

38 [fh] **Villa Petrolea:** Das Herrenhaus der Brüder Nobel war eine europäische Oase inmitten der ölverarbeitenden Industrie. Seit der Sanierung 2007 befindet sich hier ein eindrückliches Museum, das am Rand der Schwarzen Stadt lag bzw. jetzt Teil der White City ist (s. S. 49).

15 [D3] **Wohnung von Səməd Vurğun,** Tərlan Əliyarbəyov küç. 6, Metro: Sahil, https://citylife.az/place/en/1837/samedvurgun.com, Tel. 4935652, geöffnet: Do.–So. 10–18 Uhr, Eintritt: 3 ₼. Nach guter, alter Sowjettradition werden auch in Baku die Privaträume großer Dichter und Denker gern posthum in Wohnhausmuseen verwandelt, um dem Verblichenen eine letzte Ehre zu erweisen. Die schöne, aber im Vergleich zu den Palästen der Ölbarone sehr bescheidene Sechszimmerwohnung von Səməd Vurğun (1906–1956) ist so erhalten, wie er sie verlassen hat. Das Gebäude aus der Ölboomzeit wurde dem aserbaidschanischen Poeten und Stückeschreiber zu Ehren mit einem Mosaik-Konterfei an der Hauswand versehen und ist daher leicht zu finden. Das hätte dem gutaussehenden Gentleman sicher sehr gefallen, der seine letzten Lebensjahre zwischen Stilmöbeln, Gemälden, Manuskripten und Bergen von Zeitungen und Zeitschriften verbrachte.

8 [C4] **Wohnhaus von Vagif Mustafazadə (Vaqif Mustafazadənin ev muzeyi):** Der Begründer des Muğam lebte in dieser kleinen Wohnung in der Altstadt, in der es vor Erinnerungsstücken nur so wimmelt (s. S. 23).

Kunstgalerien

16 [C3] **Bunker Artground,** Lev Tolstoy küç. 136, Metro: İçərişəhər http://facebook.com/BunkerArtgroundBaku, tägl. 14–20 Uhr, Eintritt frei. In der Nähe des Fountains Square findet man diese hippe Location mit Kunst, Shop, Studio, Installationen, Streetart, Livemusik, Cocktails ... ein Treffpunkt der jungen Bakuer Avantgarde-Szene. Spannende Fotoausstellungen gibt es auch.

17 [D3] **Kukla Art Gallery,** Yusif Məmmədəliyev küç. 15, Metro: Sahil, http://www.artkukla.az/news/lang,en geöffnet: Di.–So. 12–19 Uhr, April–Dez. bis 20 Uhr, Eintritt frei. Als Reminiszenz an die große Puppenspielertradition im Kaukasus haben nun die glücklichsten Puppen und Marionetten eine Bleibe gefunden, die es ihnen erlaubt, Besucher zu empfangen. Die kleine Galerie organisiert immer wieder neue Ausstellungen und man darf sich die fragilen Geschöpfe ganz aus der Nähe ansehen.

18 [D4] **Q(iz)-Gallery,** Qulle küç. 6, Metro: İçərişəhər, http://qgallery.net, Tel. 4927481, tägl. 11–20 Uhr, Eintritt frei. Die schönste und renommierteste Galerie von Baku ist eine honorige Location neben dem Jungfrauenturm und verfügt über einen Fundus, von dem die Nachwelt träumt. Gemälde und Skulpturen aus der gesamten zweiten Hälfte des 20. Jh. sind hier zu fin-

den und zu kaufen, für sportliche Summen natürlich. Ein Blick in diese Hallen lohnt sich, man fühlt sich wie in einem Museum. Die Partner-Galerie „Berlin-Baku" profitiert von der reichen Auswahl und holt auch mal Künstler aus Deutschland nach Baku.

19 [ck] **Yarat Center,** National Flag Square (eine der beiden Lagerhallen hinter dem Flaggenplatz), Anfahrt am besten mit dem Taxi, www.yarat.az, Tel. 125051414, geöffnet: Di.–So. 11–20 Uhr, Eintritt frei. Es ist ein Glücksfall für die an kreativen Köpfen so reiche Stadt, dass die 1982 geborene Aida Mahmudova 2011 in einem alten Speicher in Ufernähe einen riesigen Kunstraum eröffnet hat, in dem aserbaidschanische und internationale Künstler ihre Werke präsentieren können.

Yarat heißt übersetzt „erschaffen". Das passt gut zu der quirligen Lady, die in London studiert hat, selbst Künstlerin ist und über wichtige Kontakte verfügt. Kürzlich zeigte der Teppichrevolutionär Faig Ahmed (s. S. 37) seine neuen Kreationen. Aufsehenerregend war sein Teppich „Jungfrau", der an einem Ende in einem buschigen Knäuel mündet. Neu ist das „Artist in Residence"-Programm, für das sich Künstler aus aller Welt bewerben können.

20 [C4] **Yay Gallery,** Kiçik qala küç. 5, Metro: İçərişəhər, www.yaygallery.com, geöffnet: Di.–So. 12–20 Uhr, Eintritt frei. Dieser Ableger des Yarat Center, liegt deutlich zentraler, nämlich mitten in der Altstadt. Die Galerie ist in drei kleinen Stockwerken untergebracht, jedes Exponat wird wohlüberlegt platziert und man staunt nicht schlecht, wie vielfältig die zeitgenössische Kunstszene in Baku ist. Es lohnt sich immer, auf dem Weg zum Şirvanşah-Palast 5 kurz hereinzuschauen.

21 [D3] **Yeni Gallery,** Əziz Əliyev 4/6, Metro: İçərişəhər, www.yenigallery.net, Tel. 5984548, geöffnet je nach Ausstellung, Eintritt frei. Wenn man in der Nähe des Jungfrauenturms unterwegs ist, sollte man in der kommerziellen Galerie, die auch als **Baku Art Center** firmiert, vorbeischauen. Die Ausstellungen sind lohnenswert, die Werke käuflich und der Fundus ist gigantisch. Hier trifft man auf gutes Karma und nette Leute, die sich über Besuch aus Westeuropa sehr freuen. Die Besucher kennen sich meist untereinander, aber man wird herzlich empfangen.

031ba-hmj

Die Künstlerin Güllar Hashimova hat das Gewand des Buddy Bears (s. S. 26) gestaltet

Kunst unter freiem Himmel

Baku ist vor allem im Sommer ein einziges **Open-Air-Museum**. Die faszinierend schönen Bauten werden von 1001 **Springbrunnen** flankiert. Kein Platz kommt ohne aufwendige Wasserspiele aus. Vor dem Museumszentrum (19) gibt es gar einen Musikspringbrunnen, der klassische Konzerte spielt. Das Flanieren in Brunnennähe hat eine lange Tradition. Zur Zeit von „Ali und Nino" (s. S. 114) trafen sich hier Verliebte.

Auch **Denkmäler** gibt es zuhauf. Sie galten in nahezu allen Republiken der früheren Sowjetunion als spezielle, unabdingbare Kunstform. Die Frau, **die symbolisch ihren Schleier abwirft**, steht seit 1967 direkt am Ausgang der Metrostation Nizami. Sie spiegelt sich heute in einer Blauglasfassade und erinnert an die Entschleierung der Frau Anfang des 20. Jh., die als soziale Errungenschaft und als Abgrenzungsmerkmal zu den Nachbarländern bis heute gefeiert wird. Eine Kuriosität erster Güte ist die in Bronze gegossene Augenpartie des früheren Meisterspions (Richard-Sorge-Denkmal (36)).

Unter freiem Himmel steht auch der original Berliner **Buddy Bear** (s. S. 26), der 2017 nach Baku ausgewandert ist und nunmehr ein eher unglamouröses Dasein hinter dem Fountains Square und vor der Deutschen Botschaft fristet. Diese hat den 2 Meter großen Bär für einen guten Zweck ersteigert.

Nicht unter freiem Himmel, sondern unter der Erde, aber trotzdem für jeden zugänglich, sind die einzigartigen Mosaiken in den Metrostationen Nizami, Gənclik und Neftçilər. Eine Fahrt dorthin kostet nur 1 ₼.

Baku für Genießer

Essen und Trinken

In den vielen schönen Restaurants von Baku wird nach jahrhundertealten Rezepten und Traditionen gekocht. Sonniges, wintermildes Klima bringt eine Vielfalt an Früchten, Gemüse und Kräutern hervor, Schafe liefern Milch und Fleisch. In den Flüssen tummeln sich Forellen, Hecht und Barsch und das größte Binnenmeer der Welt ist bekannt für mehr als vierzig verschiedene Speisefischarten, vor allem aber für Lachs und Stör bzw. Kaviar. Seit dem 3. Jahrhundert bis Ende des 15. Jahrhunderts wurde die ohnehin schon schmackhafte Küche durch die Karawanen der Seidenstraße bereichert, mit denen neben Seide auch Gewürze, Früchte und Reis ins Land kamen.

Kein Festschmaus ohne Plov (Pilaw)

Das bekannteste Gericht der aserbaidschanischen Küche ist der Pilaw. Er gilt als Höhepunkt jedes Festmahls. Im Gegensatz zu den Pilaw-Gerichten anderer orientalischer Länder, bei denen Gemüse und Fleisch zusammen mit dem Reis gekocht werden, bereiten die Aserbaidschaner den **Reis** separat zu. Er wird eingeweicht und danach in einem Topf über einer dünnen, fertig gebackenen **Teigschicht aus Eigelb, Mehl und Salz** als Reiskegel geformt und auf dem Herd mit **Safransud** gedämpft. Dazu ist ein spezieller, sich nach oben verjüngender Kochtopfaufsatz nötig. Die gebackene Teigschicht färbt die untere Reisschicht gelb, wird am Ende in Stücke geschnitten und auf dem fertigen, gelb-weißen Reis drapiert.

Glatte, weiße und leicht körnige Reiskörner bilden die Grundlage jedes Reisgerichts, genannt **Düyü.** Noch 1930 wurden in Aserbaidschan auf 50.000 ha Reis angebaut. Nach einer Ausdehnung des Tabak- und Gemüseanbaus in den 1970er-Jahren schrumpfte die Fläche zwischenzeitlich auf 1800 ha. Seit 1992 wird die einheimische Produktion wieder massiv angekurbelt. Es gibt so viele Pilaw-Gerichte wie es Köchinnen im Land gibt, heißt es. **Gurna plov** wird mit Lammfleisch serviert, Lammstücke mit Auberginen nennt man **Badımcan plov.** Pilaw lässt sich auch mit Geflügel zubereiten. Das Huhn wird mit Zwiebeln, Eiern, Kurkuma, Zitronensaft und Safran als **Çığırtma plov** angerichtet. **Toyuq plov** ist Geflügelpilaw mit Rosinen, Mandeln, Kreuzkümmel und Safran. Zu **vegetarischem Pilaw** reicht man in Butter angedünstete Trockenfrüchte wie Aprikosen, Rosinen oder Pflaumen oder Omelettes mit Kräutern *(kükü)* oder mit Auberginen *(badımcan).* Rundkörnige Reissorten werden mit gehacktem Fleisch als Füllung für Weinblätter verwendet. **Süßer Pilaw** schmeckt wie Milchreis, dazu gibt es Rosinen oder Aprikosen *(Şirin plov).* Die Leibspeise der Aserbaidschaner wird mit dem Löffel gegessen, die Beilagen werden mit der Gabel zerkleinert.

Piti und andere Suppen

Eintöpfe und Suppen werden das ganze Jahr gegessen. Es gibt klare Brühe *(şorba)* oder Joghurtsuppen wie *dovğa* (nach Bakuer Art mit Hammelfleisch, Joghurt, Kicherbsen, Koriander, Eigelb, Mehl und Minze) oder mit Wasser verdünnten Joghurt mit Kräutern *(doğramac).*

In der Lammbrühe *(düşbərə)* schwimmen Mini-Tortellini, in der Nudelsuppe *(əriştə şorba)* hausgemachte Teigwaren. Hinter dem prägnanten Wort *Piti* (vom alttürkischen Wort „pete" für sanft) verbirgt sich ein Lammeintopf mit Kichererbsen. Şorbası ist ein traditionell aserbaidschanischer Eintopf mit Huhn, Ente und Fisch. Unter *Küftə şorbası* versteht man einen Eintopf mit Hackfleischbällchen. Ein Fleischeintopf mit Korianderkraut, Dill oder Paprikaschoten als Zugabe ergibt den aus Russland importierten Borschtsch *(borş).*

Kabab (Kebab)

Die Zubereitung von *kabab* (Schaschlik) war seit jeher Männern vorbehalten. Die Vorrichtung zum Grillen heißt *Manqal.* Darin steckt das Wort *qal,* das übersetzt „Feuer anmachen" bedeutet. Neben *Basdırma kabab* aus Stör ist auch ein *Dana basdirmasi* (Kebab aus mariniertem Kalbfleisch) eine besondere Spezialität. *Lüle kebabı* ist am Spieß gegrillter Kartoffelbrei, der lecker schmeckt, aber mit Tierfett vermischt wird und daher nichts für Vegetarier ist. Als Beilage zu Fleischkababs sind auch Auberginenkebabs zu empfehlen, die oftmals mit Tomaten und Kartoffeln ergänzt werden. Eine wunderbare Beilage zu diesem auch in ländlichen Gebieten immer zu findenden Basisgericht ist der *Azərbaycan salati* mit Paprika, Tomaten, Gurke, Blattsalat, Lauch, Salz, Pfeffer, Olivenöl ... und Granatäpfeln. Fladenbrot *(lavaş)* gehört zu jedem guten Mahl dazu.

Esskastanien, Oliven, Dill, Feigen und Kakis

Kastanien *(şabalıd)* dürfen in der aserbaidschanischen Küche nicht fehlen. Auch Oliven *(zeytun)* gehören quasi zu jeder Mahlzeit. In Baku

KURZ & KNAPP

Als *badımcan* bezeichnen die Aserbaidschaner nicht nur die eigentlich aus Indien stammende, aber in ihrem Land extrem beliebte **Aubergine.** Auch die lilafarbenen staatlichen Taxis, deren Karosserie und Innenleben identisch mit dem der Londoner Taxen ist, heißen *badımcan.* An manchen Kiosken in der Innenstadt kann man ein Taxi-Modell für die Kleinen kaufen (auf die Auslage achten!).

wachsen mitten in der Stadt bis zu 300 Jahre alte Olivenbäume. Ursprünglich in Griechenland beheimatet, sollen **Oliven** schon im 8. Jahrhundert auf der Halbinsel Abşeron bekannt gewesen sein. 1949 wurde die erste Plantage des von den Griechen sogenannten „Traumbaumes" angelegt. Auch Olivenöl wird, allerdings in geringen Mengen, vor Ort hergestellt.

Dill haben die Russen mitgebracht. Er heißt *şüyüd* und man findet ihn in Lamm-Pilaw (s. S. 63), auf Salaten oder als Tee.

Feigen *(əncir)* sind seit Jahrtausenden auf der Halbinsel heimisch, sie gedeihen auch in weniger fruchtbaren Gebieten.

Die gelbe **Kaki-Frucht** *(xurması)* wird eisgekühlt aus der Schale gelöffelt, ist nahrhaft und vitaminreich – ein super Snack.

Safran

Reisende berichteten schon im 9. Jahrhundert von der kostbaren Handelsware Safran *(zəfəran),* die nur in Goldmünzen aufgewogen bezahlt werden konnte. Die Krokusart *crocus sativus* wurde zunächst als Färbemittel für Haare und Stoffe und als Bestandteil von Medikamenten genutzt. Die Klimabedingungen auf der Halbinsel sind günstig, es dauert jedoch fast ein Jahr, bis die Pflanze ihre violette Pracht entfaltet. Kein Pilaw (s. S. 63) ohne Safran ... auch die honiggelbe Farbe der Nationalsüßspeise, dem Blätterteiggebäck *paxlava (Baklava),* kommt von dem delikaten Gewürz, das immer auch ein bisschen bittersüß schmeckt.

Dolma, Levengi und Qutab

Dolma ist eine Spezialität aus der osmanischen Welt, das Wort bedeutet „Gefülltes". Es handelt sich um kleine Päckchen aus gehacktem Rind- oder Lammfleisch, Gemüse, Reis, Nüssen oder Obst, eingerollt in junge Weinblätter.

Levengi wird nach uraltem Rezept mit Fisch oder Hähnchen zubereitet. Zwiebeln, Walnüsse und Mirabellen werden zu einer Soße vermengt. *Toyuq Levengi* sind gefüllte Hähnchen.

KURZ & KNAPP

Kaviar („kürü")

Der Sänger Vaqif Mustafazadəh sagte einst, Öl, Jazz und Kaviar seien die Visitenkarte Aserbaidschans. Die aserbaidschanische Kaviarindustrie ist auf dem Gebiet zwischen Baku und Lenkoran angesiedelt. Im März gibt es riesige Mengen zu kaufen. Kaum jemand weiß, dass der Großteil des „russischen" Kaviars aus Aserbaidschan kam. Hier genießt man Kaviar auf gebuttertem Fladen- oder Weißbrot. Dazu werden zuweilen Gurken- und Tomatenscheiben, Koriander und Dill gereicht. Die Überfischung und Verunreinigung der letzten Jahre haben dazu geführt, dass der Stör, aus dem der Kaviar gewonnen wird, nun geschützt wird, damit sich die Bestände erholen.

Alles zusammen kommt in den Steinofen *Tandir.*

Dünne Teigtaschen mit Hackfleisch gefüllt heißen **Et qutabi**, mit Kräutern *goyerti qutabi.* Das Wort *qutab* stammt von dem aserbaidschanischen Wort „*qat*" („gefaltet, geschichtet"). *Qutabs* gibt es auch noch mit allerlei anderen Füllungen.

All diese Gerichte eignen sich als Hauptmahlzeit oder Zwischengerichte. Sie schmecken vorzüglich und sind eine authentische aserbaidschanische Beilage, die man auch einfach zu einem Glas Tee bestellen kann.

1001 orientalische Süßigkeit

Wenn man Aserbaidschan schmecken könnte, dann wären die Blätterteigrhomben mit dem halben Walnusskern als Dekor wohl *der* Inbegriff. **Paxlava** war einst den osmanischen Sultanen und ihrer Entourage vorbehalten.

032ba-hmj

Die aserbaidschanische Variante ist besonders schmackhaft. Aus lauwarmer Vollmilch, Trockenhefe, Butter und Mehl wird der Grundteig geknetet. Die Füllung besteht aus gerösteten Walnusskernen, Zucker, Kardamompulver, Nelkenpulver, Butter, Ei und Safranpulver. Die fertig gebackenen *paxlava* werden zum Schluss mit Zuckersirup übergossen und kommen dann noch einmal kurz in den Ofen. Auch das runde, nicht süße Blätterteiggebäck *shor gogal* ist eine Sünde wert. Es wird mit Mohn und Sesam verziert und repräsentiert die Sonne. Der Name der süßen halbmondförmigen, mit einem Tannenmuster verzierten Teigtaschen *shekerbura* kommt von *sheker-bürek* („süßes Pastetchen"). Für die Füllung werden gehackte Nüsse und Kardamom mit Zucker vermischt.

Granatapfel

Die Heimat des Granatapfels *(nar)* wird im alten Persien vermutet. In aserbaidschanischen Märchen wird die Frau mit der runden, rötlichen Frucht mit den unzähligen Kernen verglichen: fruchtbar und verlockend, geheimnisvoll und prall. Aserbaidschan ist das einzige Land, in dem es alle auf der Welt existierenden Granatapfelarten gibt, u. a. eine saure Variante (*Nar qırmızı kubok,* Rotschale) und eine süße (*Nar dənizi gülyöshi,* Fichte).

◁ *Paxlava und andere Leckereien gehören zu jedem Festmahl dazu*

▷ *Handbemalte Teegläser, aber auch „Ölgemälde", findet man bei ABAD* *(s. S. 83)*

Granatapfelsirup *(nar siropu)* ist eine wichtige Zutat für viele Gerichte. Granatapfelschalen werden zum Teppichfärben benutzt. Die Kosmetikmarke Buta (s. S. 82) nutzt die Kraft der roten Wunderperle für eine beliebte Pflegeserie.

Getränke

„Wer eine Weinrebe pflanzt, ist der höchsten Achtung wert" sagt ein aserbaidschanisches Sprichwort. Weintrauben wachsen auf dem fruchtbaren Boden seit Urzeiten. Als sich der Islam im 7. Jh. ausbreitete, hätte der Weingenuss eigentlich dem Koran nach verboten gehört. Die Gelehrten des Orients beschlossen daraufhin, den Wein *(şərab)* als heilkräftig zu preisen, solange er maßvoll konsumiert wurde. Und so ist der **Wein** ein Symbol für Aufgeschlossenheit und Lebensfreude. Es waren deutsche Aussiedler, genauer gesagt Pietisten aus Schwaben, die im 19. Jh. Weinanbau in Aserbaidschan perfektionierten. 1818 bekamen sie von Zar Alexander I. Land zur Verfügung gestellt. Die Brüder Forer und Gummel produzierten sogar Cognac und brachten es zu allerlei Medaillen im Zarenreich. Als bester Wein gilt Cabernet Sauvignon aus Gəncə, die Marke Qiz Galasi ist nur von durchschnittlicher Qualität.

Bier *(pivə)* wird immer beliebter, die Marke Xirdalan gehört seit 2017 der dänischen Brauerei Carlsberg. Die größte Brauerei Aserbaidschans wurde 1969 einige Kilometer von Baku entfernt gegründet. Das Bier ist sehr lecker und überall zu bekommen.

Tee *(çay)*, vor allem schwarzer Tee, ist zu jeder Uhrzeit passend. Er wird aus birnenförmigen, in der Mitte schmalen Gläsern getrunken. So bleibt der Tee unten schön heiß. Die

033ba-hmj

Öffnung oben lässt den Tee schneller kalt und somit trinkbar werden. Man reicht zum meist ungesüßten, aber mit Zitronenscheiben abgerundeten Tee knusprige Plätzchen oder *paxlava* (s. S. 66). Der servierte Würfelzucker wird nicht in den Tee gerührt, sondern im Mund vom Tee aufgelöst. Fruchtige Konfitüre *(mürəbbə)* wird mit Löffeln aus kleinen Schalen dazugereicht, manchmal mit einem Brötchen.

Kaffee wird oft in Form von türkischem Kaffee angeboten. In westlichen Cafés gibt es aber auch Cappuccino und Co.

Säfte werden in Baku „sorbets" bzw. *şərbət* genannt. Eine typische Spezialität ist das Sumaq-Sorbet. Gerber-Sumaq ist eine Pflanzenart, die vor allem in Südeuropa, in Zentralasien und im Kaukasusgebiet vorkommt. **Sumaq** wird in vielen Ländern ähnlich wie bei uns die Zitrone benutzt. Es schmeckt fruchtig und sauer. Die Reinform hat eine hellrote Farbe, meist bekommt man etwas bräunlicheren Sumaq. Rosenblätter-, Zitronenschalen- oder Granatapfel-Sorbet sind eine herrliche Erfrischung. Einheimische **Weinbrandsorten** und **russischer Wodka** erfreuen sich nach wie vor großer Beliebtheit, jedoch nur bei Männern. Die Trinksprüche haben auch die Russen mitgebracht. Am unverfänglichsten ist: Sağlamlıq haqqında! („Auf die Gesundheit!“).

Ramadan

Während des Ramadan, des islamischen Fastenmonats, ist das Geschäftsleben kaum eingeschränkt. 90 % aller Lokalitäten haben weiterhin geöffnet, auch Alkohol wird ausgeschenkt. An den letzten beiden Tagen wird jeweils das Ende des Ramadan zelebriert, dann kann es zu feiertagsbedingten Einschränkungen kommen.

› Termine: 2018: 16. Mai–14. Juni, 2019: 6. Mai–5. Juni, 2020: 24. April–24. Mai

Trinkgeld

10 % der Endsumme sollte man in Restaurants und bei Taxifahrten als Trinkgeld addieren.

Preiskategorien Restaurants

Die Preise beziehen sich auf ein Abendessen mit Getränk. Das Mittagessen ist meist noch günstiger.

₼	6–16 ₼ (3–8 €)
₼₼	16–30 ₼ (8–15 €)
₼₼₼	über 30 ₼ (mehr als 15 €)

Hervorhebenswerte Lokale

Aserbaidschanische Küche

22 [C3] **BURC qala Restaurant** ₼₼, Kiçik qala küç. 15, Metro: İçərişəhər, www.facebook.com/burcqala, Tel. 502270090, 24 Std. geöffnet. Zumindest einmal sollte man in diesem heimeligen Familienrestaurant die herrlichen Speisen wie Pilaw (s. S. 63), Kebab oder Dolma (gefüllte Weinblätter) probieren und einen leckeren Wein oder Azərçay (Tee) dazu bestellen. Super Service, abends Livemusik und faire Preise. Im Sommer sitzt man unter freiem Himmel. Während einer Fashion Week flanieren auch schon mal Models am Tisch vorbei …

23 [D3] **Firuza** ₼-₼₼, Tərlan Əliyarbəyov küç. 14, Fountains Square, Metro: İçərişəhər, www.facebook.com/firuzerestoran, Tel. 4939634, tägl. 11–2 Uhr. Dieses zentral gelegene, auf mehrere Räume verteilte Kellerrestaurant bietet die ganze Vielfalt der aserbaidschanischen Küche. Das rustikal, mit orientalisch bunten Farben und Stoffen eingerichtete Lokal ist ein Klassiker, es gewinnt immer mal wieder Preise. Fisch und Pilaw (s. S. 63) werden gerühmt. Der Service könnte besser sein.

24 [eh] **Gate 25** ₼-₼₼, Xocalı prospekti 37B (im 25. Stock des Demirchi Tower), Metro: Xətai, tägl. 12–1 Uhr. „Garten-Restaurant“ heißt es auf der Visitenkarte. Asiatische, europäische und aserbaidschanische Gerichte werden hier lecker zubereitet im Hochhausturm auf zwei offenen Etagen serviert, die wie ein zweigeschossiger Wintergarten eingerichtet sind. Zu zivilen Preisen sitzt man hier entspannt etwas abseits der üblichen Pfade und blickt auf die neu entstehenden und schon immer dagewesenen Hochhäuser der Nachbarschaft. Es gibt auch eine lauschige Terrasse und man darf auch nur zum Tee vorbeikommen – oder zur

Happy Hour von 17–19 Uhr. Ein echter Tipp, aber abseits des Zentrums!

25 [D3] **Malacannes Shisha Lounge** ₼-₼₼, 7 Rəsul Rza küç. 11, Metro: İçərişəhər, www.facebook.com/malacannes/?fref=nf, 24 Std. geöffnet. Das Lieblings-Shisha-Lokal der Autorin ist eine wunderbar lichtdurchflutete Oase mit avantgardistischen Teppichmusterstühlen und viel Weiß und Grün. Freundliches Personal, nettes Publikum, gute Musik und leckere Kleinigkeiten ... und natürlich „huka" (Shisha), für Damen kostenlos! Im oberen Stock gibt es auch Sofas. Die beste Shisha-Mischung heißt „Oligarch".

26 [D4] **Multani Karawanserei** ₼₼-₼₼₼, Qüllə küç. 9, Metro: İçərişəhər, www.advantour.com/azerbaijan/baku/multani-caravanserai.htm, tägl. 11–23 Uhr. Diese zweigeschossige, heute mit einem Glasdach ausgestattete Karawanserei war besonders bei den aus Indien ins Land des Feuers strebenden Zoroastriern beliebt. Die aus dem 14. Jh. stammende Lagerstätte für Karawanen der Seidenstraßen fungiert jetzt als Restaurant und hat noch immer nationale Bedeutung. Muğam, Bauchtanz und Teppiche werden neben den leckeren Speisen der nationalen Küche angeboten. Etwas touristisch, aber erlebens- und besuchenswert.

27 [C3] **Qazmaq Cafe & Resturant** ₼₼, Kiçik qala 124, Metro: İçərişəhər, Tel. 5052226, tägl. 9–24 Uhr. Das Qazmaq ist eines der authentischsten Lokale in der Altstadt von Baku. In einem typischen Gewölbekeller sitzt man an stilecht gedeckten Tischen auf flauschigen Orientteppichen und staunt nicht schlecht, was für märchenhafte aserbaidschanische Speisen hier serviert werden. Seit einiger Zeit gibt es auch eine Glasveranda, in der man von der Sonne geschützt entspannen kann. Gutes Preis-Leistungs-Verhältnis.

Smokers Guide

Rauchen ist in Aserbaidschan sehr verbreitet. Es gibt nur wenige Nichtraucherlokale, etwa: Sky Bar (s. S. 124), Mari Vanna (s. S. 71), KEFLI (s. S. 76) und Sky Grill (siehe unten).

28 [C3] **Sehrli Təndir** ₼-₼₼, Kiçik qala 19, Metro: İçərişəhər, Tel. 050 4031435, tägl. 9–23 Uhr. Das wie ein Provisorium wirkende Lokal an der Stadtmauer ist alles andere als eine Eintagsfliege in der gastronomischen Landschaft der Stadt. Es zählt seit Jahren zu den zehn besten Restaurants von Baku und man sollte sich von den nach Kundschaft zu suchen scheinenden Kellnern nicht abschrecken lassen. Um den alten Steinofen, in dem den ganzen Tag frisches Fladenbrot gebacken wird, sitzt man umgeben von feinen Düften und leckeren, auch vegetarischen Speisen. Tuffige Gardinen sollte man schon mögen und manchmal ist das kleine Lokal sehr voll.

29 [eh] **Shah Restaurant** ₼₼, N. Rafiyev küç. 25A, Metro: Xətai, www.shah.az, Tel. 4891187, tägl. 10–24 Uhr. Es gibt kaum einen authentischeren Ort für traditionelle aserbaidschanische Küche als dieses etwas versteckt außerhalb der alten Stadtmauern liegende Familienrestaurant. Seit Jahren wird seine Küche gerühmt. Wenn man wissen will, wie Aserbaidschan schmeckt, dann erlebt man hier die ganze Vielfalt: ob Kebab, Dolma, Qutab (s. S. 65), Pilaw (s. S. 63) oder vegetarische Gerichte (etwa Omelette mit Spinat). Das überladene Interieur mit bestickten Tischdecken und großen Teppichen hat einen wunderbaren Charme. Service und Preise sind auch prima.

30 [F3] **Sky Grill Restaurant** ₼₼-₼₼₼, im 24. Stock des Hilton Hotels Baku, Azadlıq Av. 1B, Metro: Sahil, www3.

hilton.com. Top-Aussicht und die Qualität der Speisen machen dieses Lokal zu einer der besten Adressen der Stadt. Die Auswahl an internationalen und wunderbaren aserbaidschanischen Gerichten ist überschaubar, dafür ist alles frisch und lecker. Dazu werden Top-Weine aus Aserbaidschan serviert. Der Innenbereich ist etwas plüschig, die Terrasse sehr modern, aber manchmal windumtost. Eins-a-Service.

31 [eh] **Sumakh**, Xocalı prospekti 20, Metro: Xətai, www.facebook.com/sumakh, Tel. 4802112, tägl. 12–24 Uhr. Ein aserbaidschanisches Restaurant der neuen Art: ein großer heller Raum, effektvoll in Szene gesetzt mit Wandteppichen, Deckenornamenten, Holzpfeilern, weiß gedeckten Tischen und kuscheligroten Sesseln oder anthrazitfarbenen Sofas. Das Essen ist genauso edel und fein wie die Ausstattung und zudem frisch, uralte Rezepte wurden hier modernisiert. Es gibt viele leckere Fleischgerichte, aber auch vegetarische und sogar vegane Speisen. Besonders zu empfehlen sind die Dolmi und Kababi. Das alles hat seinen Preis, ist aber jeden Manat wert.

Internationale Küche

32 [C5] **Chinar – Bar, Lounge Dining**, Shovket Alakbarova küç. 1, www.facebook.com/chinarbaku, Tel. 4048211, geöffnet: tägl. 12–1 Uhr. Seit 2010 ist dieses an der Talstation der Standseilbahn 27 gelegene, über drei Ebenen konzipierte Fusion-Restaurant eine der absoluten Lieblingsadressen für Foodies. Ob draußen oder drinnen, man hat genügend Platz (1500 m²) und es ist trotzdem sehr gemütlich. Das liegt an der Lounge-Atmosphäre, am flinken Service, an den DJs und natürlich an den tollen panasiatischen Gerichten. Sehr beliebt sind knusprige Ente, Gemüsetempura oder Hummersalat. Das alles hat seinen Preis, trotzdem sollte man unbedingt reservieren. Praktisch, dass die Dragon Bar (s. S. 76) im ersten Stock eine der besten der Stadt ist. Ein paar luftige Stufen führen direkt ins Paradies. 85.000 Follower bei Facebook können nicht irren.

33 [D2] **Dafne Restaurant**, Səməd Vurğun küç. 18A, Metro: Sahil, http://dalida.az/defne, tägl. 10–2 Uhr. Mediterrane Küche, auch für Vegetarier, wird hier im Zwischengeschoss mit XXL-Terrasse offeriert. Toller Ausblick, super Service und richtig leckeres Essen. Zur Mittagszeit sitzen viele Geschäftsleute auf der Terrasse, aber selbst um 1 Uhr nachts bekommt man hier noch etwas zu essen. Abends und nachts kann man von hier oben auch die LED-Lightshow der drei „Flames“ 28 verfolgen.

34 [D3] **Dalida-Restaurant und -Terrasse**, Galleria Nargiz Mall, 3. Stock (Fahrstuhl), Metro: Sahil, tägl. 9–23 Uhr. Die schönste Terrasse in der Gründerzeitstadt um den Fountains Square befindet sich auf der Shopping Mall über McDonald's, der Eingang ist an der Seite. Viele junge Leute kommen nur auf einen Kaffee oder ein Sandwich vorbei und setzen sich in die bequemen Sessel oder Sofas. Man vergnügt sich hier zwanglos unter einem riesigen, zeltartigen Sonnenschutz und bestellt ein Gericht oder einen Sundowner von der recht umfangreichen Karte, auf der es aserbaidschanische und internationale Gerichte gibt. Familien und Kinder sind herzlich willkommen. Ohne Mobiltelefon geht hier nichts. Ein Selfie jagt das nächste, auf denen in der Ferne die Flame Towers noch glühen, wenn die Sonne längst untergegangen ist.

Authentische russische Küche – im Kultrestaurant Mari Vanna

35 [D3] **Friday Burgers**, Məmmədəliyev küç 25 (Fountains Square), Metro: Sahil, www.facebook.com/fryday.az, Tel. 5652525, geöffnet: So.–Sa. 12–23 Uhr. Köstliche amerikanische Salate, Hot Dogs, Shakes, Pommes frites und vor allem Burger in allen Größen und Variationen kann man hier finden. Man würde nicht Stunden bleiben wollen, aber Friday Burgers ist eine gute Adresse für einen hochkalorischen Snack zwischendurch.

36 [C4] **İçərişəhər Bookhouse & Cafe**, Asaf Zeynally küç. 16, www.facebook.com/pg/book.cafe, Tel. 4924427, tägl. 11–21 Uhr. Cafeteria, Café und Buchhandlung in einem. Romantisch, ruhig und plüschig ist dieser Wohlfühlort an einem lauschigen Plätzchen mitten in der Altstadt. Schwarze Katzen sind hier ein gutes Omen, die Wandbemalungen machen gute Laune. Auch die Buchauswahl ist groß, wenngleich nicht an deutschen Büchern, aber an englischen und russischen. Dazu gibt es Loungemusik, Club Sandwich mit Pommes oder Kuchen, dazu Tee und Kaffee. Die hübsche Terrasse macht dieses Lokal zu einer bei Einheimischen sehr beliebten Anlaufstelle.

37 [F2] **Mari Vanna**, 93 Zərifə Əliyeva küç., Metro: Sahil, www.marivanna.az, Tel. 4049595, geöffnet: Mo.–Fr. 12–24, Sa./So. 10–24 Uhr. Back in the USSR … Nachdem man an der Haustür geklingelt hat, öffnet sich die Pforte zu einem anderen Universum. Einem russischen Palais nachempfunden ist diese ausgefallene Lokalität, in der fantastische russische Hausmannskost der 1960er- bis 1990er-Jahre serviert wird. Klassiker wie Borschtsch, Hering im Blätterteigmantel, mit Pilzen gefüllte Pelmeni, Bliny, die russischen Crêpes oder Honigkuchen sind Kult. Zu den vorzüglichen Speisen werden selbstverständlich Tee, Schwarzbrot und jede Menge Dill und/oder Knoblauch serviert. Die Plastikblumen aus der Moskauer Filiale haben es sogar bis in den New Yorker Ableger geschafft, aber nicht nach Baku. Hier schwelgt man in Schönheit unter XXL-Lüstern, an Tischen mit langen Tischdecken, neben Büchervitrinen, Familienfotos, Schtory-Gardinen und Einmachgläsern – unvergesslich! Unbedingt vorher reservieren, auch online möglich.

38 [ck] **Maya Mexican Restaurant**, National Flag Square Complex, www.facebook.com/MayaRestaurantBar, Tel. 4048216, geöffnet: tägl. 12–24 Uhr. Neben köstlichen mexikanischen Gerichten genießen hier auch viele junge, kreative Besucher ein paar Züge an der Was-

034ba-hmj

serpfeife und/oder ab 20 Uhr die Livemusik. Die Einheimischen reisen meist mit dem eigenen Auto oder mit dem Taxi an. Das Lokal liegt im neuen In-Viertel etwas außerhalb Richtung Bibiheybət məscidi 40 hinter dem Flaggenplatz.

39 [C4] **Oda House Baku** ^, Boyük qala küç. 40, Metro: İçərişəhər, auf Facebook vertreten, Tel. 055 8130318. Das kleine Familienrestaurant verströmt in den Altstadtgassen einladende Düfte. Hat man die Türschwelle überschritten, findet man sich in einem gemütlichen Wohn- und Esszimmer mit Bücherregalen, Häkeldeckchen, Familienfotos und Klavier wieder. Die hausgemachten kaukasischen, vornehmlich georgischen Gerichte, die klassischen Volkslieder und die liebenswerte Gastfreundschaft bleiben lange in Erinnerung, auch wenn man Baku schon längst verlassen hat.

40 [C4] **Sultan Inn** ^^, Böyük qala küç. 20, Metro: İçərişəhər, www.sultaninn.com, Tel. 4372305, tägl. 9–24 Uhr. Gleich drei Restaurants auf drei Etagen bietet dieser zentrale, gern von Touristen angesteuerte Hotspot in der Altstadt. Im Terrace Garden Restaurant mit erstklassiger Aussicht auf den Jungfrauenturm und in den beiden anderen Etagen wird aserbaidschanische wie internationale Küche angeboten, im Gewölbekeller befindet sich eine Shisha-Lounge. Das zugehörige Hotel hat schöne, große Zimmer, aber nur wenige sanierte. Die Lokale sind zu empfehlen, die plüschige, orientalische Einrichtung passt hierher.

41 [D3] **Tarhun** ^-^^, Rəsulzadə küç. 3, Sahil, www.facebook.com/tarhunrestaurant, Tel. 4931828, tägl. 10–23 Uhr. In diesem schönen Familienrestaurant mit internationaler und aserbaidschanischer Küche in einem schicken Altbau in der Nähe des Fountains Square findet jeder etwas. Fleischliebhaber, Pizzafreunde und gefüllt Teigtaschen, Salate und Suppen – hier schmeckt alles.

42 [C2] **U Dali** ^, Mirzə İbrahimov küç. 5, Metro: İçərişəhər, Tel. 5949356, tägl. 12–24 Uhr. Im Souterrain eines Altstadthauses hinter dem Fountains Square ist dieses kleine, etwas schummrige Restaurant untergebracht, das mit exzellenter georgischer Küche aufwartet. Abgetrennte Tische sorgen für Privatsphäre. Georgische Weine gibt es auch. Meist männliches Publikum.

43 [D3] **Vapiano** ^^, Üzeyir Hacıbəyov küç. 6, Metro: Sahil, www.vapiano.com, Tel. 5988118, geöffnet: tägl. 11–24 Uhr. Umgeben von dem bekannten Interieur aus Holztischen, Tischbäumchen, Barhockern und Basilikumpflanzen fühlt man sich ein bisschen wie zu Hause. Auch die bekannten Pastagerichte, Anti-

EXTRATIPP

Imbiss Grill König

Am äußersten Ende des Fountains Square steht dieser in Schwarz-Rot-Gold gehaltene Imbisswagen mit Würstchen („sosisleri") „original from Germany". Bei einigen Passanten ruft das nur Kopfschütteln hervor. Und doch kommen die insgesamt sechs über das Zentrum verteilten Wagen mit den leckeren Snacks hier gut an. „Every customer is König", verheißt echte deutsche Qualität. Ausschließlich Hähnchen-, Truthahn- und Rindfleisch kommt als Hotdog-Würstchen zwischen die Brötchenhälften. Zur Wahl stehen „Baku König", „Berlin König" oder „Bavarian Meat" mit verschiedenen Soßen. Als Beilagen gibt es frittierte Kartoffelspalten, Pommes frites oder German Sauerkraut – wohl bekomm's! Ein weiterer Grill-König-Wagen steht praktischerweise vor dem Eingang zur Metro İçərişəhər [C4]. Seit 2017 gibt es auch ein Ladenlokal in der 28 Mall (s. S. 83).

45 [D3] **Grill König** ^, Nigar Rəfibəyli küç., Metro: Sahil

pastiteller und Pizzen werden in gewohnter Qualität zubereitet. Außerdem gibt es Tiramisu und Caffè Latte. Da sind auch die Kleinen glücklich und satt.

Biergarten

44 [C3] **Paul's Baku**, Nigar Rəfibəyli küç. 10, Metro: İçərişəhər, Mo.–Sa. 18–22 Uhr. Seit 2003 erhält dieses rustikale Plätzchen inklusive Biergarten mit Schatten spendenden Bäumen jedes Jahr die Auszeichnung für das beste Steakhouse der Stadt. Und dabei gibt es auch Burger und Salate. Nicht nur Expats lieben dieses Stückchen Heimat, Paul ist Europäer (Brite) und weiß, was Heimwehkranke suchen.

Cafés

46 [D3] **Bazaar Delights**, Tərlan Əliyarbəyov küç. 18, Metro: İçərişəhər, www.facebook.com/bazaarbakucafe, tägl. 8–23 Uhr. Das Frühstücksbüfett lässt die Herzen der Bruncher höherschlagen. Die ausgezeichnete „homemade kitchen" in den schönen hellen Gewölbehallen eines alten Bazars mit XXL-Fenstern im vorderen Bereich und einem Zwischengeschoss hinten wird schon ab 8 Uhr angeboten. Liebevoll angerichtet werden Crêpes, Milchshakes, Trockenfrüchte, Müsli, Joghurt, Käse, Wurst, Obst und Gemüse serviert, alles mit einem Hauch Italien.

47 [C3] **Cafecity**, Islam Safarli küç. 2, Metro: İçərişəhər, www.cafecity.az, So.–Do. 9–24, Fr./Sa. 9–2 Uhr. Hier gibt es ein leckeres Frühstück mit Käse, Marmelade, Croissants, Tee und Kaffee, dazu Grau- und Weißbrot. Dieser weiträumige Ableger der Cafecity-Kette ist eigentlich eher ein sehr empfehlenswertes Restaurant, auch zu allen anderen Tageszeiten. Und hier ist immer was los. Ein Klassiker in Baku.

48 [C3] **Coffee Moffie**, Islam Safarli küç. 9, Metro: İçərişəhər, www.facebook.com/coffeemoffiebaku, Tel. 9641880, tägl. 9–1 Uhr. Dieses kleine Kaffeehaus bietet neben leckeren Kaffeeröstungen auch einen soliden Rotwein und Sandwiches an. Das Lokal wird vornehmlich von Studenten besucht. Schachspielen und Livemusik sind auch immer mal wieder im Angebot, die ersten Hipster sind auch schon gesichtet worden.

49 [D3] **Gloria Jean's Coffees**, Rəsulzadə küç. 2, Metro: İçərişəhər, www.gloriajeanscoffees.com, Tel. 4939070, tägl. 9–22 Uhr. Diese coole Kaffeekette kommt aus dem fernen Australien und hat mittlerweile fünf Ableger in Baku, einen in der 28 Mall (s. S. 83). Dieses schmucke Kaffeehaus liegt sehr zentral auf Höhe des Puppentheaters Richtung Fountains Square. Leckere Kuchen, Kaffeesorten und Sandwiches erfreuen den Gaumen. Man sitzt lässig in Sofas oder auf Stühlen und blättert in den Illustrierten oder wechselt das Objektiv!

50 [D3] **Lviv Handmade Chocolate**, Yusif Məmmədəliyev küç. 20, Metro: Sahil, www.facebook.com/lviv.chocolate.baku, Tel. 4931141, tägl. 10–23 Uhr. Die aus Lemberg (Ukraine) stammende Kaffeehauskette hat in Baku einen Ableger eröffnet, der bis abends um 23 Uhr proppevoll ist. Vor allem junge Naschkatzen und Schokoladenliebhaber treffen sich hier, fünf Gehminuten vom Fountains Square entfernt, zum Schnattern und Genießen – ein Wohlfühlort.

› **Starbucks**, Port Baku Mall (s. S. 84), www.starbucks.com, Tel. 4048872, tägl. 9–20 Uhr. Die Cafékette aus Seattle mit WLAN für alle bietet auch in Baku ihre unverwechselbaren Röstungen und Snacks an. Mitten im Expats-Viertel gelegen, trifft man hier durchaus auch mal auf Landsleute.

EXTRATIPPS

Lecker vegetarisch

Die aserbaidschanische Küche bietet Vegetariern sehr viel, auch wenn man das nicht vermuten würde. Die mit Kräutern gefüllten Teigfladen *goyerti qutabi* gibt es in fast jedem Lokal als Beilage. Veganer Pilaw mit Trockenfrüchten ist auch immer zu bekommen, meist wird Joghurtsoße dazu serviert. Kebabs gibt es auch nur mit Auberginen, Tomaten und/oder Kartoffeln. Azərbaycan salati und Omelettes mit Kräutern *(kükü)* sind sehr schmackhaft.

- 51 [D3] **Dolma** €, M. Rəsulzadə küç. 8, Metro: İçərişəhər, tägl. 11–2 Uhr. In diesem orientalischen, rustikal eingerichteten Gebäudekeller in der Nähe vom Fountains Square gibt es eine große Auswahl an vegetarischen aserbaidschanischen Gerichten, Gemüse, Reis und Fisch werden schmackhaft zubereitet.
- › **Shah-Restaurant** (s. S. 69), **Firuza** (s. S. 68), **Gate 25** (s. S. 68), **Sehrli Təndir** (s. S. 69), **Çay Bağı 145** (s. S. 18), **Vapiano** (s. S. 72), **Qazmaq Café** (s. S. 69) und viele andere Lokale haben vegetarische Speisen im Angebot.

Der erste Kaffee

Im **Cafecity** (s. S. 73) gibt es viel Platz, schönes Ambiente und ab 9 Uhr ein leckeres Frühstück zu angemessenen Preisen. Einen vorzüglichen Brunch findet man ab 8 Uhr bei **Bazaar Delights** (s. S. 73), ebenfalls am „Square".

Für den späten Hunger

- › Im **Çay Bağı 145** (s. S. 18) bekommt man 24 Stunden frisch zubereitete Gerichte oder auch nur Tee und Kaffee mit Gebäck.
- 52 [D3] **Paris Bistro** €€, Zərifə Əliyeva,1/4, Metro: İçərişəhər, http://parisbistro.az, Tel. 4048215. In diesem zentral gelegenen Lokal gibt es rund um die Uhr eine riesige Auswahl an französischen und internationalen Gerichten und Getränken.
- › Der **Caspian Grill** im Landmark Hotel (s. S. 124) ist 24 Std. geöffnet. Die **Shisha-Lounge Malacannes** (s. S. 69) in der Nähe des Museumszentrums ist ebenfalls eine 24-Stunden-Oase.

Für Liebhaber deutscher Backwaren

Willkommen daheim! Im **Brothaus** (s. S. 44) gibt es nicht nur Grau-, Schwarz- und Körnerbrot, sondern auch Brötchen, Croissants, Donuts sowie Käse-, Erdbeer-, Mohn- und allerlei andere Kuchen. „Home away from home", ein paar Bistrotische laden zum Verweilen ein. Warum Brot und Haus nicht zusammengeschrieben werden, weiß wohl nur der Besitzer.

Lokale mit guter Aussicht

Wer diese Stadt nicht gemütlich sitzend von oben gesehen hat, hat sie nicht gesehen. Dazu gibt es allerlei Möglichkeiten, etwa den **Caspian Grill** und die **Sky Bar** im Landmark Hotel (s. S. 124), die sich um ihre Achse drehende **Bar 360** (s. S. 75) und das **Sky Grill Restaurant** (s. S. 69) im Hilton Hotel (vor allem bei Nacht). Der **Foodcourt in der Park Bulvar Mall** (s. S. 84) im 2. Stock bietet ebenfalls eine schöne Terrasse, auf der man unbehelligt mit Fastfood verweilen kann.

Dinner for one

Alleinreisende aus aller Welt treffen sich auch in Baku bei **Starbucks** (s. S. 73). Gut geeignet für einen Undercover-Aufenthalt ist auch das Selbstbedienungsrestaurant **Vapiano** (s. S. 72). Im **İçərişəhər Bookhouse & Cafe** (s. S. 71) in der Altstadt kann man einfach sitzen und schmökern. Im Biergarten **Paul's Baku** (s. S. 73) bleibt man nicht lange allein.

035ba-hmj

Baku am Abend

Nachtleben

In einem Reiseführer aus dem Jahr 2009 wurde Baku zu den zehn weltbesten Partystädten auserkoren. Das hat den Ruf der Kapitale als Elixier für Nachteulen nachhaltig befördert und noch immer berufen sich Einheimische auf diese Quelle. Bei Licht betrachtet bietet die Stadt einige absolut **einzigartige Klubs mit Meerblick und Strandfeeling** und gut gelaunten, tanzfreudigen Jugendlichen, Studenten, Menschen mittleren Alters und Oldies. Auch kommen DJs aus aller Herren Länder, um die Nächte zu Tagen zu machen. Eine Partymetropole ist Baku aber nur bedingt, da sich das soziale Miteinander immer noch meistens im privaten Rahmen abspielt. Frauen tauchen meist in einer Clique mit ihren Freundinnen auf. Der **Dresscode** ist streng. Man sollte gut gekleidet sein, Ästhetik spielt in dieser Stadt eine große Rolle.

Springbrunnen wie dieser hinter der Philharmonie sind Treffpunkte für Verliebte

Bars, Kneipen, Pubs

53 [F3] **Bar 360** ₼₼-₼₼₼, im Hilton Hotel Baku, Azadlıq prospekti 1B, Metro: Sahil, www3.hilton.com/en, tägl. 17–2 Uhr. In diesem spektakulären Drehrestaurant mit acht Metern Deckenhöhe sitzt man in Loungesesseln oder an Tischen und glaubt kaum, was man von dort oben sieht. Die Skyline ist so aberwitzig schön beleuchtet, dass man zumindest einmal hier gewesen sein sollte. Manchmal

Gastro- und Nightlife-Areale

Bläulich hervorgehobene Bereiche in den Karten kennzeichnen Gebiete mit einem dichten Angebot an Restaurants, Bars, Klubs, Discos etc.

EXTRATIPP

Tickets

Tickets für Konzerte, Formel 1, Muğam etc. können online über www.iticket.az oder telefonisch unter Tel. 077 6000060 geordert werden – Platzauswahl online, E-Ticket auf das Handy, einfacher geht's nicht.

ist die Musik etwas laut, dafür sind die Cocktails und Weine erstklassig. Tripadvisor führt das Lokal Sky Grill Restaurant (s. S. 69) eine Etage tiefer als eines der besten Restaurants der Stadt.

› **Dragon Bar,** Shovket Alakbarova küç. 1, www.facebook.com/chinarbaku, Tel. 4048211, geöffnet: tägl. 12–1 Uhr. Die Bar des Chinar-Restaurants (s. S. 70) ist eine Klasse für sich. Hier trifft man auch mal Sternchen und Ölbarone. In jedem Fall sollte man sich mindestens *smart casual* kleiden. Die Bar firmiert auch als „Tee-Bar" und ist somit auch für Antialkoholiker und Jogis ein Hotspot.

54 [D3] **KEFLI Local Wine & Snacks** ᐱᐱ, Tərlan Əliyarbəyov küç. 4A, Metro: Sahil, www.facebook.com/kefliwinebar, geöffnet: tägl. 15–1 Uhr. Diese kleine, coole Nichtraucherbar ist bei Einheimischen sehr beliebt. Im Angebot sind u. a. aserbaidschanische, französische, georgische, deutsche und amerikanische Weine. Dazu gibt es leckere Kleinigkeiten und natürlich *qutab,* mit Fleisch oder Spinat gefüllte Crêpes. Das Interieur hat schon mehrere Preise gewonnen. Junges Publikum, gute Stimmung.

55 [C2] **Old School** ᐱ, Alimardan Topçupaşov küç. 23, Metro: Sahil, www.facebook.com/oldschool.cafeandshop, tägl. 12–2 Uhr. „Café und Shop" heißt es lapidar auf der Facebook-Seite. Dieses kleine Studentencafé mit Oma-Möbeln erinnert ein bisschen an die etwas pekigen Prenzlauer-Berg-Cafés kurz nach der Wende. Alte Uhren und Instrumente an den Wänden sowie ein Piano an der Wand sind die einzige Deko. Die Bücher darf man auch kaufen. Tee und kleine Leckereien sind hier zu bekommen, aber richtig nett wird es erst abends. Bei Livemusik und Sandwich rücken alle eng zusammen. Hier lernt man schnell Einheimische kennen, tolle Atmosphäre.

56 [G2] **Pivnaja Apteka** ᐱᐱ-ᐱᐱᐱ, Neftçilər prospekti 153, Metro: Sahil, http://pivnayaapteka.az, tägl. 14–2 Uhr. Die unschwer an den zwei Riesenbullaugen am Eingang zu erkennende „Bierapotheke" im Expats-Viertel hat eine erstklassige Therapie gegen Heimweh gefunden: die umfangreichste Auswahl an Biersorten von ganz Baku. Dazu werden Burger aus Frischfleisch oder gefüllte Teigtaschen nach aserbaidschanischem Rezept serviert. Kuchen und Tartes runden die ungemein schmackhaften Gerichte ab. Viele lümmeln sich hinten in die quietschgrünen Sofas oder kommen auch nur auf ein Bierchen vorbei ... oder zwei oder drei.

Klubs

57 [ck] **Barrel Playground,** Yeni Bulvarı (New Bulvarı), hinter dem National Flag Square, www.facebook.com/barrelplayground, März–Sept. Fr.–So. 12–5 Uhr. Hier kann man schon am Tag abtanzen, DJs aus aller Herren Länder legen auf. Das Publikum ist jung und schön, die weitläufige Open-Air-Location am Wasser wunderschön. Man hängt in der Hängematte oder Hollywood-Schaukel oder sitzt in kleinen Loungeecken oder an großen Biertischen. Burger, Pommes frites und andere Snacks gibt es die ganze Nacht, vor allem aber Cocktails und andere alkoholische Getränke. Getanzt wird unter dem Sternenhimmel von Baku, dessen Leuchtkraft mit den Lichtern der Stadt konkurriert. Das Areal ist fernab von jeder Metrostation, aber nicht weit weg vom Flaggenplatz. An welchen Abenden es etwas anderes als Techno auf die Ohren gibt, erfährt man auf der Facebook-Seite.

58 [ck] **Enerji Club Lounge,** National Flag Square, www.enerji.az, Mo.–Do. 10–2, Fr./Sa. 18–4 Uhr. Rock, Pop, Techno und Rap, hier darf getanzt werden. Im früheren Hafen gegenüber dem alten Kraftwerk der Siemens-Brüder liegt diese Riesenhalle mit zwei Etagen. Im Erdgeschoss ist die Lounge-Bar mit Terrasse namens „Red Fire" untergekommen, im zweiten Stock befindet sich das Restaurant „Black Diamond". Hier geht die Post ab, Hafenblick inklusive.

59 **Mambo Beach Club,** Salyan Highway Shikhov Beach, mit dem Taxi gut zu erreichen, www.mambobeach.az, tägl. 11–4 Uhr. Für all diejenigen, die in Baku Open-Air-Locations wie aus tausendundeiner Nacht vermuten, ist das hier die perfekte Anlaufstelle. Es gibt einen riesigen Pool mit Loungesesseln, Strandliegen im Sand mit Blick auf das Kaspische Meer, Sofaecken mit Sichtschutz, eine große Bühne mit Livemusik ... und eine XXL-Tanzfläche. Und bei Tag hat man als Kontrastprogramm einen freien Blick auf die ausrangierte Ölplattform im Meer, die sogar schon als Kulisse für den James Bond-Film „Die Welt ist nicht genug" diente. Ein Ort mit Magie.

60 [D3] **Otto Club,** Tərlan Əliyarbəyov küç. 3, Metro: Sahil, www.facebook.com/ottobaku.club, Tel. 4986978, tägl. 11–2 Uhr. Dieser renommierte Klub in einem tollen Gewölbekeller bietet Livemusik, die auf einer Bühne dargeboten wird. Die Stoßzeit ist gegen Mitternacht. Tanzen erlaubt, aber nicht zwingend erforderlich. Große Auswahl an Bieren.

61 [E3] **Pasifico,** Neftçilər prospekti 34, Metro: Sahil, www.pasifico.az, tägl. 18–2 Uhr. Terrasse mit Blick auf das Kaspische Meer und Lounge mit lateinamerikanischem Essen. Dazu gibt es ab 21 Uhr DJs und Livekonzerte sowie Di.–Do. von 19 bis 22 Uhr einen tollen „After work club" mit House, Funk und Soul. Als Restaurant ist diese einmalige, aber nicht gerade günstige Location am Bulvarı schon empfehlenswert, aber als Nachtklub ein Muss.

62 [D2] **Sintetik,** Səməd Vurğun küç. 26, Metro: Sahil, www.instagram.com/sintetikbaku, tägl. 18–4 Uhr. Der einzige Underground-Klub in Baku veranstaltet Raves wie „Electronic Saturday" oder „Earth Tuesday". Aber richtig ab geht's erst in den Techno-Nächten. Einer der coolsten Klubs des gesamten Kaukasus.

Theater und Konzerte

Klassik-Fans kommen in Baku in den Genuss vieler nationaler und internationaler Aufführungen und Konzerte. Im März oder April findet alljährlich das Rostropoviç-(Memoriam-)Festival statt. Zu beachten ist aber die Som-

037ba-hmj

Der Theaterkiosk steht sehr zentral am Unabhängigkeitsplatz

Der Puppenspieler von Baku

Tarlan Gorchu ist ein Ausnahmetalent. Der 1953 in Baku geborene Künstler ist Bühnenbildner, Dramaturg und das Mastermind hinter dem Marionettentheater (s. S. 79) in İçərişəhər. Bekannt geworden ist er jedoch als Künstler mit eigenwilligen Ideen, als Meister der abstrakten Kalligrafie und als Koordinator des Kinderkulturzentrums TUTU. Er vertrat Aserbaidschan auf der 53. Biennale in Venedig, 2010 entwarf er einen Teppich nach dem Muster des Magnetcodes auf einem Lufthansa-Flugticket. In seiner Kindheit faszinierten ihn vor allem die Teppiche in seinem Elternhaus und die Geschichten um den fliegenden Teppich. „Als ich in Frankfurt stand und auf mein Flugticket nach L.A. starrte, kam mir der rechteckige Code plötzlich wie ein schwarzweißer Teppich vor. In dem Moment hatte ich dieses wohlige Gefühl im Bauch. Da fiel mir auf, dass ich nach all den Jahren endlich meinen fliegenden Teppich gefunden hatte,“ sagte Gorchu in einem Interview zu seinem „Flying Carpet“ genannten Knüpfteppich.

Die alte Tradition der aserbaidschanischen Teppichknüpferei wird in seinen Entwürfen durch digitale Technik zu einem modernen Kunstdruck. Ein lang gehegter Traum war dann 2016 die Gründung eines Marionettentheaters, das für ihn viel mit Ingenieurskunst zu tun hat. Die Puppenlippen müssen in seinen Opernadaptationen zu Opernarien bewegt werden – und zwar im Takt. Auf der Suche nach einem authentischen Wickelkleid für eine der Figuren fliegt Gorchu auch schon mal nach Paris, um den richtigen Stoff zu finden. In seinem Theater kommt neueste Lichttechnik zum Einsatz. Die Bühnenbilder sind eine Synthese beinahe aller orientalischen Kunstgattungen, etwa der Teppichkunst, der Kalligrafie, der islamischen Architektur und des Stoffdesigns. Um den Stücken eine besondere Lebendigkeit zu verleihen, treten die Puppenspieler zusammen mit ihren Puppen auf. Sie sind in Schwarz gekleidet, damit die Puppe im Zentrum bleibt. Einen Besuch in seinem magischen Theaterrefugium wird man nicht vergessen … und Gorchus fliegenden Teppich kann man dort auch in Augenschein nehmen.

036ba-tg

merpause, die ungefähr Mitte September endet. Beide Puppentheater sind unbedingt empfehlenswert, wobei das Baku Marionette Theatre (s. rechts) vornehmlich für Erwachsene gedacht ist.

Klassische Konzerte, Muğam und Puppentheater

⓴ [D4] **Abdulla-Şaiq-Puppentheater (Abdulla Şaiq adına Azərbaycan Dövlət Kukla Teatrı):** Riesengroße, mittelgroße oder kleine Puppen werden hier märchenhaft in Szene gesetzt. Ein unerschöpflicher Fundus an Impressionen aus 1001 Nacht (s. S. 34).

㊴ [eg] **Heydər Əliyev Mərkəzi:** In dem Konzertraum mit der besten Akustik von Baku finden klassische und andere Konzerte statt (s. S. 49).

•64 [D1] **Heydər Əliyev Palace,** Bülbül prospekti 35, Metro: Sahil oder 28 May, www.ha-saray.az, Tel. 4988476. In diesem erst kürzlich sanierten früheren Lenin-Palast aus dem Jahr 1976 mit 2500 Sitzplätzen finden viele Konzerte russischer Künstler und Orchester statt. Auch hier ist die Akustik famos.

㉓ [C5] **Internationales Muğam-Zentrum (International Muğam Center):** Hier kann man in eine andere Welt eintauchen. Muğam ist aserbaidschanisches Kulturerbe und wird hier allabendlich geboten (s. S. 36).

65 [C4] **Muğam Klub,** Rzayeva küç. 9, Metro: İçərişəhər, http://azrestoran.az/en/baku/restaurant/mugam-club, Tel. 4924085, geöffnet: tägl. 9–24 Uhr. In der zweigeschossigen Karawanserei mit Spitzbogenarkaden sitzt man an Holztischen unter Pinien und träumt sich in die Zeit der Seidenstraßen zurück. Das halbüberdachte, überreich mit Teppichen dekorierte und ganztägig geöffnete Restaurant ist vor allem als Nachtklub zu empfehlen. Hier kann man authentischen aserbaidschanischen, meist aus drei Musikern bestehenden Muğam-Bands zuhören und zusehen sowie dabei lecker essen, jedoch nicht tanzen. Ideal für nicht mehr ganz so junge Hüpfer.

㉜ [E2] **Oper (Axundov adına Azərbaycan Dövlət Akademik Opera və Balet Teatrı):** Opern und Ballettaufführungen in feinstem Jugendstilambiente (s. S. 43).

⓰ [C4] **Magomayev-Philharmonie (Maqomayev adına Azərbaycan Dövlət Filarmoniyası):** Hier spielt das einzigartige Kammerorchester von Baku, wenn nicht gerade andere hochkarätige Konzerte oder Gastspiele auf dem Programm stehen (s. S. 30).

EXTRATIPP

Baku Marionette Theatre

Kaum jemand aus Westeuropa wird ein Wort verstehen. Und doch hinterlassen die historischen Marionetten, die perfekt einstudierten Posen und die orientalischen, über alle Maßen liebevoll gestalteten Bühnenbilder einen bleibenden Eindruck. Seit der Eröffnung 2016 werden hier unter der Regie von Tarlan Gorchu Adaptionen von Opern aus dem Orient gezeigt, etwa Leyla und Madschnun, eine Art östliche Romeo-und-Julia-Inszenierung. Komponiert hat das Original der aserbaidschanische Komponist Üzeyir Hacıbəyov. Man hätte keine bessere Lokalität als dieses Kleinod mitten in der Altstadt finden können, um die Ästhetik und Philosophie des Orients zu inszenieren. Das Theatercafé im oberen Stockwerk öffnet 40 Minuten vor Vorstellungsbeginn und bietet einen fantastischen Blick auf die Skyline von Baku.

63 [C4] **Baku Marionette Theatre (Baki Marionet),** Müslüm Maqomayev küç. 20, Tel. 050 56580 http://marionet.az, Tickets online oder an einem Theaterkiosk erhältlich, etwa in der Zərifə Əliyeva küç. 8, 11–19 Uhr, Metro: Sahil

038ba-hmj

Baku für Kauflustige

Fashionistas und Shopping Victims werden enttäuscht sein. Nahezu jeder internationale Designer hat ein sündhaft teures Geschäft in Baku, aber davon abgesehen gibt es **keine ausgefallenen, aber preiswerten Boutiquen für Damen- oder Herrenkleidung.** Dafür sind Accessoires wie etwa Seidentücher oder Kosmetik und Teppiche (auch als Handyhülle) reichlich vorhanden. Als Trost kann man sich in einigen Stoffgeschäften und Nähateliers tolle orientalische **Stoffe** aussuchen und mit nach Hause nehmen. Auf dem Azərbaycan prospekti [C2–3] gibt es allerlei Stoff- und **Hutgeschäfte.** Dort ist auch die landestypische Kopfbedeckung *papaq* (s. S. 105) erhältlich. Einige Klamottenläden sind in der Nizami küç. zu finden oder in den wirklich schönen Shoppingmalls (s. S. 83).

In der Park Bulvar Mall (s. S. 84) gibt es einen Fanshop von Qarabağ Ağdam und UdSSR-Retro-Trikots

Kleidung

66 [E1] **Bershka,** Galleria Nargiz Mall, Fountains Square, www.bershka.com, tägl. 10–19 Uhr. Hier gibt es flippige Klamotten. „Die Kundschaft setzt sich zusammen aus kecken Jugendlichen, Kennern der neuesten Trends und Anhängern von Musik, sozialen Netzwerken und neuen Technologien" schreibt die Bekleidungskette mit Hauptsitz in Spanien. Ein Zara-Geschäft befindet sich nebenan.

Schmuck und Porzellan

67 [C4] **Dastan,** Böyük qala küç. 19, Metro: İçərişəhər, www.facebook.com/Dastantraditionalarts, Tel. 4975817, geöffnet, Mo.–Fr. 11–18 Uhr. Diese feine Boutique gehört zum Zentrum für traditionelles aserbaidschanisches Handwerk, das mit der Schule für traditionelle Kunst von Prinz William von Großbritannien zusammenarbeitet und auch für die Queen Auftragsarbeiten realisiert. Dastan heißt übersetzt „Sage" und weist somit schon auf die jahrhundertealte Geschichte der Altstadt von Baku hin, in dessen Mitte sich dieses Geschäft befin-

Shoppingareale

Die wichtigsten Shoppingbereiche der Stadt sind im Kartenmaterial mit einer rötlichen Fläche markiert.

det. Der stilisierte Löwenkopf, das Symbol der Şirvanşahlar-Dynastie, findet sich auf Kettenanhängern, Porzellantellern und handgefärbten Seidentüchern (ab 140 ₼), die ihren Preis haben, aber authentische Mitbringsel sind.

68 [E2] **Resm,** 28 May küç. 46, Metro: www.resm.az, Tel. 4932469, tägl. 10.30–19.30 Uhr. Dieser Juwelier hat die „Räder Aserbaidschans“ erfunden. Dahinter verbergen sich runde Kettenanhänger oder Ohrringe, die mit den Symbolen der jeweiligen Region des Landes verziert sind. Baku ist mit den typischen zwei Löwen mit dem Ochsen in der Mitte (der Ochse symbolisiert die Altstadt, die Löwen stehen für Schutz) und zwei kleinen Buta-Variationen vertreten und in feinem Schwarz mit Gold gehalten. Das Buta-Symbol hat die alteingesessene Juwelierfamilie auch als Ohrring-, Ring- und Kettenanhänger-Symbol im Angebot.

Bücher

› **Ali und Nino Kitab,** 28 Mall (s. S. 83), Metro: 28 May, www.facebook.com/aliandnino.azerbaijan, Tel. 4998719, geöffnet: tägl. 10–21 Uhr. Benannt nach dem ultimativen Baku-Roman „Ali und Nino“ (s. S. 114), erfreut sich auch die Buchhandelskette großer Beliebtheit. Im vierten Stock der 28 Mall befindet sich die Filiale mit der größten Auswahl. Hier gibt es auch englische Bücher über Baku. Das neu erstandene Exemplar kann man dann in Ruhe bei Gloria Jean's Coffee (s. S. 73) im selben Stockwerk in Augenschein nehmen. Filialen der Kette findet man außerdem in der Park Bulvar Mall (s. S. 84) und im Eingang der Metrostationen Koroğlu und İçərişəhər. Das Stammhaus in der Tağıyev küç. 19 [D3] platzt inzwischen leider aus allen Nähten.

69 [C3] **Akademkniga,** Nizami küç. 67, am Fountains Square, Metro: İçərişəhər, tägl. 10–19 Uhr. Akademkniga ist die große alte Dame der Buchhandlungen. Englischsprachige, aserbaidschanische und russische Bücher und Bildbände, Reiseführer und Souvenirs wie etwa ein kleiner gewebter Teppich als Kettenanhänger oder „Music of Azerbaijan – from Muğam to Opera Aida Useynova“ (zwei CDs mit aserbaidschanischer Musik für ca. 50 ₼) sind hier zu finden. Den Sound von Baku („Azerbaijani Music“, hrsg. von Nargiz Aliyarova, 2016 bei etc.etera erschienen) kann man sich zur Einstimmung bereits zu Hause herunterladen. Das alteingesessene Geschäft ist gut sortiert.

KURZ & KNAPP

Buta

Das Wort taucht immer mal wieder auf, und sei es als Name einer Kosmetiklinie. Die wörtliche Übersetzung lautet „Distelstrauch“. Gemeint ist „Paisley“. Der Name stammt von der schottischen Stadt Paisley, die im 19. Jh. ein bedeutendes Textilverarbeitungszentrum war. Das tropfenähnliche Symbol kam ursprünglich aus dem persischen Sassanidenreich über die Seidenstraße nach Indien und von dort im Gepäck von britischen Soldaten nach Großbritannien. In Aserbaidschan ist das anmutige Symbol für das ewige Leben auch auf Teppichen zu finden. Jede Region des Landes wandelt das Symbol ein wenig ab, sodass die Teppiche einer bestimmten Fabrikationsstätte zuzuordnen sind. Die Baku-Version zeigt ein leicht eckig gebogenes „Buta“-Symbol.

70 [C3] **Chiraq Bookstore,** Zərgərpalan 4, Metro: İçərişəhər, www.facebook.com/chiraqbookstore, Mo.–Sa. 10–19 Uhr. Der kultige Buchladen bietet die größte Auswahl an englischen Büchern, vor allem auch zum Thema Kaukasus, und verkauft neuerdings auch kleine Souvenirs. Tee und Sandwiches kann man hier nebenan verzehren, während man in einer Sonderausgabe von „Ali und Nino" (s. S. 114) versinkt.

Tee, Kosmetik und Teppiche

› **Azerçay (Astaracay):** Stand in der Park Bulvar Mall (s. S. 84), www.astaratea.az. Eine Packung des hübsch verpackten aserbaidschanischen Tees namens Azerçay ist ein tolles Mitbringsel. Es gibt verschiedene Geschmacksrichtungen, der schwarze Tee ist ganz schön stark. An einigen Kiosken wird der Tee mit einer Blechverpackung in Form des Jungfrauenturms angeboten. Auch am Flughafen gibt es allerlei Auswahl.

71 [C3] **Azerbaijan in a box,** Nizami küç. 92, Metro: Sahil, www.facebook.com/Azerbaijaninabox, geöffnet: Mo.–Fr. 10–18, Sa. 15–18 Uhr. Dieser Kramladen im Fabrika Coworking Centre in der Nähe des Landmark-Hotels ist etwas ganz Besonderes. „Azerbaijan in a box" ist eine Geschenkbox mit wahlweise ein oder zwei von Hand bemalten Teegläsern plus Feigenmarmelade plus Marmeladenglas. Es gibt aber noch viele andere Delikatessen wie Granatapfelsoße oder Weinessig und handgemachte Mitbringsel, die sich wunderbar als Souvenir eignen und „eine Geschichte erzählen".

› **Buta-Kosmetik** (s. S. 81), in jeder Filiale der Ideal-Parfümerien, z. B. in der 28 Mall (s. S. 83), www.ideal.az, tägl. 10–22 Uhr. Große Auswahl an Shampoos und Duschgels mit Granatapfel oder anderen landestypischen Zutaten und schönem Design. Hinter der Marke steckt eine Forscherin, die sich seit Jahren mit Kosmetik beschäftigt und hochwertige Produkte auf den Markt bringt. Zu erkennen an den orientalischen Schönheiten auf den Tuben und Fläschchen. Was drin ist, steht auch auf Englisch geschrieben.

› **Elgün Carpet Shop,** im Erdgeschoss des Muğam Klub (s. S. 79). Die Teppichauswahl von Elgün Əliyev ist riesig. Leider spricht er kein Wort Englisch, sodass sich Feilschen nur mit Händen und Füßen anbietet. Man sollte versuchen, einen Baku-Teppich zu kaufen, denn jede Region hat ihre eigenen Muster. Ist der Teppich älter als 50 Jahre, ist eine Ausfuhrgenehmigung erforderlich.

› **Shop im Teppichmuseum** 24. Der in drei Sprachen als handliches Paperback aufgelegte Bildband mit Lətif Kərimovs einzigartigen Teppichentwürfen erschien 2016 bei Poliart Publishers zum 110. Geburtstag des Teppichgenies und ist eine gute Alternative zum Kauf eines ech-

039ba-hmj

Günstige und authentische Souvenirs für Teeliebhaber in der Park Bulvar Mall (s. S. 84)

ten Teppichs. Winzige Zierteppiche, hübsche Postkarten und raffinierte Handyhüllen mit einschlägigen Mustern gibt es in diesem reich sortierten Shop auch – und natürlich einen Baku-Corner-Stand (s. u.) mit den Entwürfen von Leyla Əliyeva (Handyhüllen, Seidentücher).

Souvenirs

72 [C4] **ABAD,** Asəf Zeynallı küç. 67, Metro: İçərişəhər, www.abad.gov.az, Tel. 5056861, tägl. 10–20 Uhr. Hochwertige handbemalte Teegläser, Teller, Schalen und Schmuckkästchen (ab 16 ₼) gibt es im früheren Hammam neben dem Jungfrauenturm zu vernünftigen Preisen und schön verpackt. Aus Holz geschnitzt sind die landestypischen Instrumente in Miniaturformat (14 ₼). Neu sind die drei Hochhaustürme der Flame Towers, bemalt in den Farben der nächtlichen LED-Beleuchtung (32 ₼). Neuerdings gibt es eine Filiale in einem Pavillon in der Abflughalle des Heydər-Əliyev-Flughafens (s. S. 108).

› **Baku-Corner-Stände:** Nicht nur am Flughafen, sondern auch in diversen Lokalitäten wie dem Café Baku (s. S. 84) oder dem Shop im Teppichmuseum sollte man nach diesen kleinen Ständen Ausschau halten. Es winken Kunstwerke aus der Präsidentendynastie. Leyla Əliyeva, die Tochter des Staatsoberhaupts, ist Künstlerin, ihre schwarzweißen Entwürfe zieren die unterschiedlichsten Accessoires. Ein Teil des Erlöses geht an ihre Umweltorganisation.

› **Miniaturfeuertempel,** im Souvenir-Shop des Atəşgah-Feuertempels 42

39 [eg] **Museumsshop Heydər Əliyev Mərkəzi.** Hier findet man allerlei geschmackvolle Souvenirs, Handyhüllen mit Teppichmuster, Mottotassen, Bildbände oder Puzzle (das Beste ist das mit dem Heydər Əliyev Zentrum für ca. 16 ₼). Baku Corner (s. o.) ist hier auch vertreten.

040ba-hmj

Shoppingmalls

73 [E1] **28 Mall,** 28 May küç. 33, Metro: 28 May, www.facebook.com/28Mall, tägl. 10–22 Uhr. Dieses Einkaufszentrum ist bei Einheimischen sehr beliebt. 70 internationale und heimische Marken, ein gut sortierter Supermarkt und 16 Coffee Shops sind hier zu finden. Das vielleicht beste Kino der Stadt und ein super Foodcourt mit Blick auf den historischen Platz der drei Bahnhöfe bietet diese quirlige, vornehmlich von jungen Familien besuchte Mall ebenso. Wer Lust auf deutsche Würstchen hat, ist beim „Grill

Eine Auftragsarbeit von Prinz William bei Dastan (s. S. 80)

EXTRATIPP

Shop 'n' Stop

Das angesagte und stylische Café Baku verfügt über sehr hohe Decken, zwei Etagen, opulente Grünpflanzen und tolle Kunstwerke und bietet leckere Snacks, Salate, Suppen und alle Kaffeesorten, die man sich vorstellen kann – und das alles in Bio-Qualität. Auf der Terrasse sitzen unter Retroschirmen die Schönheiten der Stadt, das Tragen einer Sonnenbrille wird empfohlen! In der oberen Etage kann man sich dagegen in der gemütlichen Lounge unbehelligt und ganz entspannt ausruhen. Am Verkaufsstand Baku Corner (s. S. 83) kann man die hübschen Entwürfe der Präsidententochter, Künstlerin und Herausgeberin des Baku Magazine Leyla Əliyeva auf Seidentüchern (80 ₼) oder Handyhüllen (30 ₼) kaufen – Weltstadtflair mit Promifaktor.

76 [H2] **Café Baku,** gegenüber der Port Baku Mall, Neftçilər prospekti 153, Metro: Sahil (weit zu laufen, besser mit einem Boulevardspaziergang verbinden oder das Taxi nehmen), http://saffron.az/en/restaurants/baku, Tel. 3100808, Mo.–Fr. 10–22, Sa./So. 12–22 Uhr

König" (s. S. 72) gut aufgehoben. Der Kid's Planet im 4. Stock hält die Kleinen mit Bowling, Karussell, Hüpfburg, Laser-Labyrinth und Spielautomaten bei Laune. Im selben Stock ist auch eine richtig gut bestückte Filiale der Ali-und-Nino-Buchhandelskette (s. S. 81) untergebracht. Aserbaidschanische Kosmetik gibt es in den Ideal-Parfümerien.

74 [F3] **Park Bulvar Mall,** Neftçilər prospekti 92, Metro: Sahil, www.parkbulvar.az, tägl. 9–22 Uhr. Die UFO-ähnliche, zentral am Bulvarı gelegene Shoppingmall versammelt viele bekannte Kettenableger unter ihrem Dach, etwa von Ideal Parfumerie, Adidas, Occitane oder Mango. Darüber hinaus gibt es im EG einen Ali-und-Nino-Bücherbasar und einen Schalter mit Formel-1-Souvenirs. Im vierten Stock finden sich verschiedene Kinos und das Happyland für kleinere Kinder bis etwa sechs Jahren. Der Foodcourt verfügt außerdem über eine schöne Terrasse (s. S. 74) und die Selbstbedienungsrestaurants sbarro, Baki Kebap, kükü cousine sowie Il Patio. Die üblichen amerikanischen Ketten sind auch vertreten. Ein kleiner Azerçay-Kiosk (s. S. 82) verkauft tolle Tee-Souvenirs (Teebox in Form des Jungfrauenturms). Das Publikum ist eher jünger, die Produkte erschwinglich.

75 [G2] **Port Baku Mall,** Neftçilər prospekti 151, Metro: Sahil, www.parkbulvar.az, tägl. 10–20 Uhr. Wer in Baku Kusmi Tea, Ralph Lauren-Sweater, Burberry-Schals und andere High-End-Produkte sucht, ist hier richtig. Der im Erdgeschoss untergebrachte Port Baku Bazar ist ein Supermarkt der Extraklasse, in dem sich vor allem die in den angrenzenden Baku Towers wohnenden Expats treffen, da hier eine gigantische Auswahl an frischen Importlebensmitteln und Alkohol wunderbar dargeboten wird. Starbucks ist in einem Lokal an der Außenseite untergebracht und im 3. Stock gibt es das Kindercafé Alice's. Schön ist das Kunstareal im Erdgeschoss am hinteren Eingang. Dort gibt es das ganze Jahr sehenswerte Ausstellungen von jungen Künstlern, die im Schutz der Dunkelheit eine besondere Magie ausstrahlen.

Schatten spendende Bäume erfreuen die Einheimischen am Bulvarı (s. S. 32)

Baku zum Träumen und Entspannen

Im Axundov-Park

Der kleine Park ist eigentlich eher ein Platz, auf dem sich einheimische Männer unter Schatten spendenden Bäumen tummeln, die stundenlang das in Aserbaidschan beliebte Backgammon *(nard)* spielen, eines der ältesten Brettspiele der Welt. Auf den Bänken sitzen Frauen, meist mit ihren Kindern. Im hinteren Teil befindet sich der Lezzet-Imbiss, der heimische kalte Gerichte, Hähnchen, Salate, Brot und Süßspeisen zum Mitnehmen täglich frisch in den Vitrinen bereitsstellt. Auf Wunsch bekommt man Plastikbesteck.

•77 [B3] **Axundov-Park mit Lezzet-Snack,** A. Cavad küç. 1, Metro: İçərişəhər, Tel. 4923166, tägl. 8–21 Uhr

Entspannen bei Tee und Wasserpfeife

Çay Bağı 145 (s. S. 18) ist einer der Lieblingssorte der Autorin. Hier kann man 24 Stunden mit Blick auf den Jungfrauenturm sitzen und sich in ein Märchen aus 1001 Nacht träumen. Zur Teezeremonie mit Baklava und Marmelade werden auf Wunsch auch *qutabs* (s. S. 65) serviert. Dazu gibt es die klassische orientalische Wasserpfeife.

Wellness mit Aussicht

Im **Absheron Spa** kann man die Seele baumeln lassen, auch wenn man kein Hotelgast ist. Man bucht mindestens eine Stunde im Voraus eine Anwendung wie etwa eine Massage oder z. B. das Hammam-Ritual mit Granatapfelextrakt (75 Minuten) ab 120 ₼ und verbringt den Rest des Tages im Spa-Bereich, Swimming Pool oder Fitnessklub ohne weitere Kosten. Demnächst soll es auch ein Tagesticket ohne Anwendungen geben. Der Ausblick von hier oben ist fantastisch, man möchte nicht wieder weg …

•78 [G2] **Absheron Spa,** im Marriott Absheron Hotel, Azadlıq meydan 674, Metro: Sahil, Tel. 4998888, www.absheronspa.com, tägl. 11–23 Uhr

041ba-hmj

Der **Dağüstü park** ist einer der gepflegtesten Parks der Stadt. In seiner Mitte thront eine riesige Aussichtsplattform, die als perfekter Selfie- und Fotospot betrachtet werden kann. Die Flame Towers 28 schimmern im Sonnenlicht, zuweilen spiegeln sich die Wolken in ihnen. Abends beginnt das Farbenspiel der Tausenden von LED-Leuchten. Der Park ist baumbestanden und grün, überall finden sich Sitzbänke, auf denen man auch schon mal ein Nickerchen machen kann. Zum Träumen lädt auch die sich an die Aussichtsplattform anschließende riesige Marmortreppe ein. Sie erinnert an das Wahrzeichen von Odessa, die Potemkinsche Treppe, ist aber anders als Letztere aus weißem Marmor. Der eigentliche Clou ist die nächtliche Beleuchtung. Die bei den Einheimischen ungemein beliebte Freitreppe strahlt nachts von innen. Eine komplizierte Lichtinstallation verleiht der Szenerie und dem Flaneur auf diese Weise etwas Schwebendes. Gleitet man die Stufen hinab und biegt unten rechts ab, geht es über Serpentinen wieder zurück zum unteren Pavillon des Funikular.

•**79** [B6] **Dağüstü park,** Funikular 27 oberer Pavillon, dann links runter weiter zur Aussichtsplattform

EXTRATIPP

Dalga Beach

Mit dem Taxi erreicht man nach ca. 30 Minuten einen der schönsten Strände Bakus im Norden der Halbinsel. Hier gibt es einige Beach Resorts, eines davon mit einem riesigen Aquapark, Restaurants (z. B. Del Faro Ristorante Italiano), Entspannung und Spaß für die ganze Familie.

80 Dalga Beach Aquapark Resort €€€, Mərdəkan qəsəbəsi, Sahil küç. 55, Tel. 3104499, geöffnet: tägl. 10–23 Uhr, für Tagesgäste 70 ₼

81 Del Faro Ristorante Italiano €€, Ümid qəsəbəsi küç. (auf dem Anleger), tägl. 15–23 Uhr

Hammam

Was könnte entspannter sein als zwei Stunden im Hammam? Das in Baku verbreitete „türkische" Dampfbad ist eine Weiterentwicklung des griechisch-römischen Bades. Von außen sind die Bäder an den kleinen Kuppeln zu erkennen, sie wirken zuweilen wie kleine Moscheen ohne Minarett. Der Besuch des letzten aktiven Hammams in der Altstadt ist ein authentisches Erlebnis, wenn man ein paar Dinge weiß und bedenkt.

Männlein und Weiblein werden getrennt, und zwar nach Tagen. Montags und freitags dürfen nur Frauen in den Heiligen Gral, der schon im 18. Jahrhundert die Bewohner der oft ohne sanitäre Anlagen konzipierten zweigeschossigen Altstadtbehausungen zur Reinlichkeit animierte. Jedes Familienmitglied musste einmal die Woche in den Hammam, aber immer in denjenigen, der zu seiner Hausgemeinschaft gehörte. Tauchte in der Damenrunde eine fremde Lady auf, konnte man davon ausgehen, dass sie auf Brautschau war. Badelatschen, Handtücher und Seife kann man wahlweise für wenig Geld kaufen oder mitbringen. Ein paar Minuten später findet man sich mit Unterwäsche (die Ausnahme) oder ohne (die Regel) in einer kleinen Sauna aus antikem Holz mit einem XXL-Ofen wieder. Meist ist man allein oder umgeben von sich ohne Unterlass unterhaltenden einheimischen Damen oder weniger heftig, aber ebenfalls kommunizierenden Herren.

EXTRATIPP

Tipp für Frühaufsteher und Morgenmuffel

Schon früh bekommt man an den Ständen an der Metro İçərişəhər [C4] leckere Kleinigkeiten und Coffee-to-go. Von da spaziert man in den wunderschönen Park an der Philharmonie und setzt sich auf eine Bank. Am weitläufigen Bulvarı ist es morgens im Vergleich zum Abend sehr ruhig. Dafür haben viele Cafés morgens noch nicht geöffnet. Im Çay Bağı 145 (s. S. 18) in der Altstadt gegenüber vom Jungfrauenturm bekommt man 24 Stunden Kaffee, Tee und warme Küche. Hier ist viel Platz und man kann mit Zeitung (oder Tablet) stundenlang auf einem der vielen Sofas sitzen bleiben. Auch andere kleine Cafés in der Altstadt haben schon früh geöffnet. Starbucks heißt Traveller aus aller Welt auch schon um 9 Uhr willkommen ...

Die glücklichen Besucher und Besucherinnen erwarten intensive Massagen von flinken Händen und mit viel Seife. Man wird zum Abschluss mit Wasser übergossen und darf dann im Vorraum, in ein Handtuch gehüllt, die Gesichtsmaske einziehen lassen, wenn man sie mitgebucht hat. Zu dem Zeitpunkt ist man schon so relaxed, dass sich das anschließende Teetrinken mit Gebäck als wunderbare Annäherung an die liebenswerten Bakuer erweist. Man kommuniziert mit Händen und Füßen und freut sich über die Gastfreundschaft.

•82 [C4] **Ağa Mikayil Hammam,** Kiçik qala 16, Metro: İçərişəhər, Tel. 4927421, tägl. 9–23 Uhr, für Damen nur montags und freitags, Eintritt 10 ₼ plus 10 ₼ für *kisa* (Peeling) und nochmal 10 ₼ für eine Massage.

Zur richtigen Zeit am richtigen Ort

April

› Ende April oder Anfang Mai findet jährlich der **Baku Marathon** (http://bakumarathon.az) statt. Es geht u. a. am Bulvarı entlang, Ziel ist das Olympiastadion. Die Strecke ist 21 Kilometer lang.

Mai

› Die **International Auto Show** (www.autoshow.az) findet im Heydər Əliyev Sports and Exhibition Complex statt.

› **Tour d'Azerbaijan** (http://tourdeazerbaidjan.com): 160 Kilometer fahren die Teilnehmer durch das ganze Land, Start und Zieleinfahrt sind in Baku.

› Die **Azerbaijan Fashion Week** (www.afw.az) findet zweimal jährlich statt, im Mai und im November.

Juni

› Im Mai oder Juni findet die **Caspian Oil and Gas Exhibition** (http://caspianoilgas.az) im Expo Center statt.

› **Formel-1-Rennen** von Baku (www.bakucitycircuit.com): Obwohl Aserbaidschan geografisch zu Vorderasien gehört, wurde 2016 erstmals der „Große Preis von Europa" in Baku ausgetragen. Immerhin ist Aserbaidschan auch Mitglied im Europarat und Austragungsland einiger Spiele der Fußballeuropameisterschaft 2020. Die Organisatoren entschieden Ende 2016 jedoch, das Rennen in „Großer Preis von Aserbaidschan" (Formula 1 Azerbaijan Grand Prix) umzubenennen, um das Land touristisch besser vermarkten zu können. Der zunächst auf fünf Jahre angelegte Stadtkurs führt mitten durch das Zentrum von Baku, vorbei am Jungfrauenturm und entlang

Feste und Feiertage

In einem Land mit einer an Wendungen reichen Geschichte und einer an Bräuchen reichen Kultur gibt es eine Vielzahl von Feier- und Gedenktagen:

- ***1. und/oder 2. Januar:*** *Neujahr*
- ***20. Januar:*** *Tag der nationalen Trauer*
- ***8. März:*** *Internationaler Frauentag (arbeitsfrei, gefeiert wird am Abend des 7. März). Es gibt Blumen für die Ehefrau, Kolleginnen oder Freundinnen, zu Sowjetzeiten wurden die „Heldinnen der Arbeit" besonders geehrt.*
- ***20.–24. März:*** *Novruz (s. S. 90). Das Fest zum Frühlingsanfang wird mit Ritualen wie Hausputz, Familienbesuchen, Gastmahl mit Frühlingsgras, Gebäck, Kerzen, Eiern, Pilaw (s. S. 63) etc. und sieben Sprüngen über ein offenes Feuer zelebriert und ist das wichtigste Fest in Aserbaidschan.*
- ***9.Mai:*** *Tag des Sieges über den Faschismus (Ehrungen, Veteranenmärsche, Kranzniederlegungen)*
- ***28. Mai:*** *Tag der Republik (Nationalfeiertag zum Gedenken an die erste Republik von 1918–1920)*
- ***15. Juni:*** *Tag der nationalen Rettung (bezieht sich auf das Jahr 1993, in dem Heydər Əliyev zum Vorsitzenden des Obersten Sowjets Aserbaidschans gewählt wurde)*
- ***26. Juni:*** *Tag der Streitkräfte*
- ***August oder September:*** *Islamisches Opferfest*
- ***18. Oktober:*** *Tag der Unabhängigkeit von der Sowjetunion*
- ***9. November:*** *Tag der Nationalflagge*
- ***12. November:*** *Tag der Verfassung (bezieht sich auf das Jahr 1995)*
- ***17. November:*** *Tag der nationalen Auferstehung (Gedenken an die Studentenproteste gegen die Führung in Moskau im Jahr 1988)*
- ***31. Dezember:*** *Tag der Solidarität der Aserbaidschaner in aller Welt*

der Uferpromenade. Der Baku City Circuit (Bakı Şəhər Halqası) wurde von dem deutschen Architekten Hermann Tilke geplant und realisiert. Alle Straßen in der Innenstadt wurden neu asphaltiert, die größte Tribüne befindet sich beim Regierungsgebäude ⓲. Acht Rechts- und zwölf Linkskurven in der dicht bebauten Innenstadt aus der Ölboomära verlangen den Piloten einiges ab. In der Park Bulvar Mall (s. S. 84) gibt es im Erdgeschoss ganzjährig einen Infostand mit Souvenirs.

•83 [G2] **Formel-1-Hauptquartier,** Zərifə Əliyeva küç. 93, Metro: Sahil, Tickets über https://tickets.formula1.com/de/10851-baku-fom. Mit Café. Hier trifft man auf andere Fans und mit Glück auch auf Piloten.

Juli

› **Azerbaijan Holi Color Festival** (www.facebook.com/events/593198134201806). Die aus Indien stammende Party zeichnet sich dadurch aus, dass die tanzenden Gäste mit bunten Farbbeuteln beworfen werden.

September

› **Üzeyir Hacıbəyov International Music Festival:** Benannt nach dem aserbaidschanischen Komponisten wird dieses Musikfestival seit 2009 u. a. in Baku organisiert (Musikrichtungen: Ashiq (Langhalslautenmusik mit gesungenem Text), Meyxana, Muğam (s. S. 38).

▷ Großes Aufgebot an Staatskarossen am Tag der Republik

◁ Der Formel-1-Hashtag in der Bucht

Oktober

› **Baku International Jazz Festival** (www.bakujazzfestival.com): Seit 2005 wird das hochkarätige Festival mit Zusatzprogramm wie Kids Jazz, Azeri Tag, Jam Sessions und Jazz Art veranstaltet.

› Das **International Tourism Film Festival** (http://bitff.az) zieht Teilnehmer aus aller Welt an und soll das touristische Potenzial Aserbaidschans ins Rampenlicht rücken.

042ba-hmj

Novruz, das Fest aller Feste

„Wenn man an Novruz nicht zu Hause ist, irrt man sieben Jahre umher" lautet ein altes aserbaidschanisches Sprichwort. Das Neujahrs- und Frühlingsfest ist das älteste Fest der Erde, zelebriert wird die Tag- und Nachtgleiche. Es findet jährlich am 20. oder 21. März statt, wenn Tag und Nacht in etwa gleich lang sind und es gilt, die Äcker zu bestellen. Gaukler, Tänzer, Akrobaten, Sänger und Musiker kleiden sich festlich, zumeist in Tracht, und belagern Plätze und Promenaden. Schon vier Wochen vorher treffen sich Familien an einem bestimmten Wochentag, um mit jeweils einem speziellen Ritual den vier Elementen Wasser, Feuer, Wind und Erde zu huldigen. Ein Duft- und Farbrausch ist die mit grünem Weizenkeimgras und einer roten Schleife dekorierte Festtafel, in deren Mitte Pilaw (s. S. 63) thront. Außerdem müssen sieben Speisen, die mit dem Buchstaben „S" beginnen, aufgetischt werden. Inmitten der üppigen Pracht steht ein Silbertablett, auf dem Gebäck, Nüsse, bemalte Eier, Bonbons, Kerzen und getrocknete Früchte drapiert sind. Jeder, der sich etwas nimmt, legt auch etwas von seinen Gaben auf das Tablett, ein Haus darf seinen Reichtum nicht verlieren. Das neue Jahr wird so, wie man das Fest feiert. Novruz wurde 2009 als immaterielles Weltkulturerbe in die UNESCO-Liste aufgenommen. Antragsteller waren neben Aserbaidschan auch Länder wie Indien, Iran, Kirgistan, Pakistan, Türkei und Usbekistan. Novruz wird weltweit von mehr als 300 Mio. Menschen und seit mehr als 3000 Jahren gefeiert.

066ba-dt©Alexsa

BAKU VERSTEHEN

058ba-hmj

Das Antlitz der Stadt

„Nirgends auf der Welt – außer vielleicht eben in Paris – ist eine derartige Einheitlichkeit des architektonischen Formwillens über Jahrhunderte und Dynastien zu besichtigen wie in Baku“, schrieb Stephan Wackwitz. Das **reiche architektonische Erbe** der von Persern, Türken, Mongolen und Russen besiedelten, über 1500 Jahre alten Hafenstadt verteilt sich im Wesentlichen auf drei konzentrisch gewachsene Stadtteile: die UNESCO-geschützte **islamische Altstadt** (İçəri Şəhər), die **Gründerzeitstadt der Ölboom-Ära** und die **sowjetische Stadt**, immerhin gehörte Aserbaidschan 150 Jahre zum Zarenreich bzw. zur Sowjetunion.

Vorseite: Fitnesstraining an den alten Hafendocks

Das Absinken des Meeresspiegels führte 1967 zu einer Neukonzeption der Uferpromenade

Das Amphitheater

Dem Besucher eröffnet sich auf den ersten Blick eine aus konzentrischen Kreisen um die intakte islamische Altstadt gruppierte, wider Erwarten **gänzlich grüne Halbwüstenstadt** mit einer riesigen **Uferpromenade**, imposanten **Magistralen** und kleinen **Gassen.**

Die Stadt liegt in einer zum Land hin ansteigenden Bucht, das dunkel funkelnde Kaspische Meer ist Bühne und Schauspieler zugleich. Wie ein Vexierbild ähnelt ein Straßenzug Paris, ein anderer Moskau und wieder ein anderer Marrakesch. Was sofort auffällt, ist eine harmonische Einheitlichkeit aufgrund der **vorherrschenden Farbe Beige.** Der in allen Epochen und für jeden Architekturstil verwendete hochwertige Muschelkalkstein Ağlay verleiht der Stadt eine elegante Erhabenheit und eine romantische Oasenaura. Die an den Boulevard Haussmann in Paris erinnernden Gründerzeitpracht-

bauten am Bulvarı und rund um den Fəvvarələr meydanı [C/D3] wurden in den letzten Jahren sandgestrahlt, die Gehwege erneuert. Alles ist **sauber und gepflegt.** Man hat zuweilen den Eindruck, es handele sich um eine einzige Filmkulisse.

Die Stadt der Winde

Baku ist Hauptstadt und politisches wie wirschaftliches Zentrum des vorderasiatischen Binnenstaates Aserbaidschan, der eine Gesamtbevölkerung von knapp 10 Mio. Menschen zählt. Mit 2,1 Mio. Einwohnern ist Baku die **größte Stadt des Kaukasus.** Im Norden grenzt Aserbaidschan an Georgien und Russland, im Süden an Iran, im Westen an Armenien und über die Enklave Nachitschewan an die Türkei. Seit dem Ende der Sowjetunion und der Aufnahme der Handelsbeziehungen mit der EU kommt Aserbaidschan eine besondere geopolitische Rolle zu. Alle wichtigen Transitwege, vor allem die **Öl- und Gas-Pipelines** nach Europa an Russland und Iran vorbei, führen über das aserbaidschanische Staatsgebiet. Die Halbinsel Abşeron, auf der Baku liegt, verfügt über 70 km Küste. Das flächenmäßig relativ kleine Land Aserbaidschan vereint **neun von auf der Welt insgesamt elf vorkommenden Klimazonen.** Baku wird nicht umsonst **Stadt der (schlagenden) Winde** (von *badi-kube* aus dem Persischen) genannt. Die Halbwüstenstadt ist ganzjährig windumtost. Aus dem Norden weht der Steppenwind Khazri, aus dem Süden der Gilavar.

Das Kaspische Meer

Das abflusslose Kaspische Meer *(Xəzər dənizi)* ist je nach Definition Teil der Grenze zwischen Europa und Asien, die nach einigen Angaben quer durch das Gewässer verläuft. Es ist mit seinen 386.400 km² die **größte von Land umschlossene Wasserfläche der Erde** und die zweittiefste natürliche Depression. Da es keine na-

065ba-fo©Elnur Amikishiyev, stock.adobe.com

türliche Verbindung zu den Ozeanen besitzt, ist das Meer **eigentlich ein See**, dessen Wasserqualität erheblich schwankt. Aufgrund seiner Größe und des Salzgehalts wird es dennoch als „Meer" bezeichnet. Ölspuren sind überall nachweisbar, aber an den Nordstränden der **Abşeron-Halbinsel** ist Schwimmen unbedenklich.

Über die Wolga und den Wolga-Don-Kanal besteht seit 1952 eine **schiffbare Verbindung über das Asowsche Meer zum Schwarzen Meer** und somit nach Europa. Die Wolga war seit jeher (mit kleinen Schiffen) sogar zur Ostsee bis nach Sankt Petersburg schiffbar, aber der Wasserpegel sinkt hier infolge der Erderwärmung. Auch entnehmen die Anrainer scheinbar den Zuflüssen mehr Wasser, als nachkommt. Hält der Trend an, könnte der Nordteil des größten Binnenmeeres der Welt in 75 Jahren verschwunden sein. Es birgt neben den **gigantischen Erdöl- und Gasvorkommen** auch einen Schatz von **150 Fischarten**, darunter der den Kaviar liefernde Stör.

KURZ & KNAPP

Baku in Zahlen

- **Einwohner:** ca. 2,1 Mio.
- **Bevölkerungsdichte:** 1024 Einwohner/km²
- **Fläche:** 2130 km²
- **Höhe:** 28 m unter dem Meeresspiegel und somit tiefstgelegene Hauptstadt der Welt
- **Verwaltungsbezirke:** 11
- **Muslime:** 93 % der Aserbaidschaner sind Muslime (26 % Sunniten, 74 % Schiiten)

Der Dubai-Faktor

Mit aufsehenerregenden Zukunftsprojekten wie dem Bau einer **karbonfreien Insel** (2024), des neuen Stadtteils **White City** (2021), dem Hotelneubau **The Crescent** (2019) oder dem des **höchsten Gebäudes der Welt** (Azerbaijan Tower, 2022), der 25 Kilometer südlich von Baku auf einer künstlichen Insel namens Khazar Islands gebaut wird, eifert die orientalisch und zugleich europäisch anmutende Märchenstadt Dubai nach. Die in den Himmel emporragenden **Flammentürme** (28) des 2014 fertig gewordenen neuen Wahrzeichens wurden mit neuester LED-Technik ausgestattet und flackern im Dunkeln wahlweise in den Farben der Flagge Aserbaidschans oder in Glutrot.

Einer der letzten noch von Zaha Hadid mitentworfenen futuristischen Ausstellungskomplexe ragt wie ein schneeweißer, magischer Zauberhut aus der Stadttextur. Die **größte Moschee Transkaukasiens** (Heydər-Moschee (43)) wurde 2017 fertiggestellt und steht in einem Wohngebiet, sie soll scheinbar nicht unmittelbar die Silhouette der Stadt prägen. Unterdessen verschwinden im äußersten konzentrischen Kreis um die Altstadt die eher einfachen zweigeschossigen Wohnhäuser mitsamt den typischen Innenhöfen. An ihrer statt entstehen **hohe Wohnkomplexe mit teuereren Wohnungen**, sodass sich die ursprünglichen Bewohner Bakus meist am Stadtrand wiederfinden. Sogar in der Altstadt werden Gebäude abgerissen, **Immobilienspekulanten** tummeln sich auch hier.

Tourismus

„Ich sage Ihnen: Besuchen Sie dieses Land, bevor es der deutsche Bildungsbürger entdeckt und in seine Klischeeschublade steckt", schreibt

Potemkins Enkel

Als Potemkinsches (oder Potjomkinsches) Dorf wird eine Ansammlung von objektiv tiptop aussehenden Häusern bezeichnet, deren Fassaden fein herausgeputzt sind, hinter denen sich jedoch ihr eigentlich schlechter Zustand verstecken soll. Der russische Feldmarschall und Gouverneur Potemkin hatte im Jahr 1787 unter Zarin Katharina II. von Russland entlang einer Wegstrecke im gerade eroberten Neurussland bemalte Kulissen errichten lassen, um beim Besuch der Kaiserin die dort existierenden ärmlichen und kaputten Häuser der Gegend zu verbergen.

In Baku könnte man die um die ärmere Gegenden errichteten hohen Sandsteinmauern als Potemkinsche Kulissen bezeichnen. Vor allem aber trifft man in der auf Ästhetik bedachten Hauptstadt Geisterhäuser: Ganze Häuserblocks stehen komplett leer. Dabei handelt es sich um nagelneue, manchmal zwanzig Stockwerke hohe, mit feinstem Sandstein verkleidete, großzügig ausgestaltete Neubauten. Bei genauerem Hinsehen fällt auf, dass dort nie ein Licht brennt, keine Balkontür je geöffnet wird und sich auch sonst keine Regung zeigt. Vor allem auf dem Weg vom und zum Flughafen findet man diese gespenstischen Wohnlandschaften. Im Gegensatz zu dem stadtnäheren Areal nördlich des Fountains Square **10** *haben für die XXL-Bauten an den Straßen Richtung Flughafen keine zweigeschossigen Häuser samt Innenhöfen und Solidargemeinschaften Platz machen müssen. Auch die als „Olympisches Dorf" konzipierten Hochhäuser wurden zwar zu Ende gebaut, bleiben aber unbewohnt. Baku hatte sich für die Olympischen Spiele 2020 beworben. Zwei der drei als „Residenz" geplanten Flammentürme Flame Towers* **28** *sind von innen nicht zu Ende ausgebaut und daher noch unbewohnt. Vor dem Hintergrund dieses scheinbaren Mieter- und Eigentümermangels fragt man sich, warum munter weitergebaut wird. Wer wird also erst eines Tages die White City (s. S. 105) bewohnen? Wo rekrutiert man die 50.000 Menschen, auf die das riesige Stadtviertel ausgelegt ist, wenn schon jetzt unzählige neue Hochhäuser leer stehen? Architektur ohne Menschen ist traurige Architektur, auch wenn sie noch so schön anzusehen ist.*

Ingo Petz in seinem unterhaltsamen Reisebericht „Kuckucksuhren in Baku". Aserbaidschan und somit auch Baku ist noch ein Geheimtipp und daher anders als die meisten europäischen Reiseziele nicht überlaufen. Allerdings wird der Tourismus exzessiv gefördert. Derzeit entstehen in Baku so viele Hotelbetten wie nie zuvor. 2017 zählte Aserbaidschan 2,7 Mio. Touristen. Großereignisse wie die **Formel 1** sind Magneten. 2020 werden vier Spiele der **Fußball-EM** in Baku ausgetragen, ein nagelneues Stadion wartet auf die Fans aus Europa. Die Einführung von e-visa ist eine enorme Erleichterung für Touristen und Geschäftsleute. Diese werden innerhalb von drei Tagen ausgestellt und als PDF-Datei verschickt. 2017 hat sich Baku für die **EXPO 2025** beworben. Die Chancen stehen gut. Mit im Rennen sind Osaka und Jekaterinburg.

Von den Anfängen bis zur Gegenwart

Im 1. Jh. n. Chr. erreichen die Römer auf einer Militärexpedition die Siedlung Baku, deren Anfänge laut Archäologen auf das Jahr 8000 v. Chr. datieren. Im 5. Jh. wird das lodernde Feuer im Erdreich („Azer") zum ersten Mal erwähnt. Safawiden aus Persien, Osmanen aus der Türkei und Russen ringen jahrhundertelang um die Vorherrschaft in der Region des heutigen Aserbaidschan. Nach der Invasion der Araber Ende des 7. Jh. wird der Islam die vorherrschende Religion. Baku wird ein wichtiger Umschlagplatz der Seidenstraße. Seit 1828 befindet sich die Stadt im Einflussbereich vom Kaiserreich Russland, Aserbaidschan wird 1920 eine Sowjetrepublik und der wichtigste Erdöllieferant der UdSSR. Im Zweiten Weltkrieg versucht die deutsche Armee, bis zur strategisch wichtigen Ölhochburg Baku vorzudringen, scheitert aber kläglich. 1991 wird das Land unabhängig und prosperiert, nicht zuletzt aufgrund der gigantischen Öl- und vor allem Gasvorräte.

1. Jh.: Römer erreichen eine Siedlung names Baku.

2.–7. Jh.: Parther und Sassaniden übernehmen nacheinander die Herrschaft.

Ende des 7.–10. Jh.: Araber islamisieren das Land.

10.–12. Jh. Türkische und mongolische Stämme erobern das Territorium.

1149: Şirvanşah Ahistan I. regiert bis 1203 und macht Baku zu seiner Hauptstadt, nachdem die alte Hauptstadt Shamakha 1191 von einem Erdbeben nahezu vollständig zerstört worden war.

12.–14. Jh.: Ausbau Bakus zu einer Festung. Der Meeresspiegel steigt.

1501–1578: Şirvanşahs und Safawiden, eine Herrscherdynastie aus Persien, wechseln sich ab.

1555: Friedensvertrag zwischen Safawiden und Osmanen

1594: Eine erste amateurhafte Ölbohrung legt den Grundstein für eine ertragreiche Zukunft, schon **1636** werden 30 Ölfelder in und um Baku gezählt.

1603: Abbas Mirzə (genannt der Große) wird zum Safawiden-Shah ernannt und erobert bis 1607 fast alle Städte von den Osmanen zurück, auch Baku.

1723: Russische und osmanische Truppen drängen die Safawiden, die Stadt zu verlassen, Baku ergibt sich.

1735: Nadir şah Əfşar aus Persien zwingt die Russen zur Abgabe ihres Territoriums.

1747: Mirzə Məhəmməd Xan wird der erste lokale Khan, das Khanat Baku wird unabhängig.

1804–1813: Baku wird im Russisch-Persischen Krieg vom Zarenreich besetzt, zwischenzeitlich gewinnt jedoch Persien wieder die Oberhand. Zu dieser Zeit sind 95 % der Bevölkerung Bakus Muslime.

1823: In Baku entsteht die erste Paraffin-Fabrik der Welt.

1828: Baku fällt im zweiten Russisch-Persischen Krieg zusammen mit anderen Gebieten des Kaukasus (Transkaukasien) endgültig an Russland und wird 1840 offiziell russische Verwaltungseinheit, der südliche Teil von Aserbaidschan gehört nun zum Iran. Der Fluss Araz bildet die Grenze.

1846: erste mechanische Ölbohrung in Bibiheybət südlich von Baku

1859: Baku wird Provinzhauptstadt.

1863: Die erste Kerosin-Fabrik der Welt wird in Baku gebaut.

1873: Angelockt von einem vom russischen Zar ausgelobten Wettbewerb um Grund und Boden kommen die Nobels aus Schweden nach Baku und gründen die Ölgesellschaft Branobel. Bis 1910 erlebt Baku aufgrund des Ölexports eine ungeahnte Blütezeit.

1883: Von märchenhaften Erlösen träumend, kommen auch die Rothschilds aus Paris nach Baku und gründen die Caspian and Black Sea Joint Oil Company.

1898 wird der Deutsche Nikolaus von der Nonne Oberbürgermeister von Baku. Die muslimischen Aserbaidschaner geraten in die Minderheit im Vergleich zu Armeniern, Georgiern, Juden, Ukrainern und anderen Zuwanderern, die ihr Glück am Kaspischen Meer suchen. Die erste Lutheraner-Gemeinde wird gegründet. Die Ölarbeiter begehren gegen die schlechten Arbeitsbedingungen auf, es kommt zu Auseinandersetzungen, u. a. zwischen Armeniern und Aserbaidschanern.

Um 1900: Baku liefert die Hälfte des weltweit benötigten Erdöls.

1914: Im Ersten Weltkrieg versucht die deutsche Armee, bis nach Baku vorzudringen, wird aber von den Briten zurückgedrängt.

1917: Nach Ausbruch der Revolution endet der Ölboom in Baku. Die Ölbarone der mehr als 100 Ölfirmen werden enteignet, die Nobels verlassen Baku.

1918: In Baku wird die Aserbaidschanische Demokratische Republik mit der Hauptstadt Ganca gegründet; sie existiert jedoch nur zwei Jahre.

1920 übernehmen die Bolschewiken das Szepter, Baku wird Hauptstadt der Aserbaidschanischen SSR, die **1922** als Teil der Transkaukasischen Sozialistischen Sowjetrepublik im Verbund mit Armenien und Georgien in die neu gegründete Sowjetunion eingegliedert wird.

1920–1930: Baku wird ein wichtiger Außenposten für die Sowjets für den Import von Erdöl und ein Brückenkopf zum Iran und zum Nahen Osten.

1936: Die Transkaukasische Union wird aufgelöst. Die drei Unionsrepubliken Armenien, Aserbaidschan und Georgien bleiben Einzelrepubliken der UdSSR..

KURZ & KNAPP

Operation Edelweiß

Als Teil der „Operation Edelweiß“, die Adolf Hitler im Juli 1942 initiiert hatte, sollten auch die Ölfelder von Baku von der Wehrmacht erobert, jedoch auf keinen Fall bombardiert werden. Die deutsche Armee brauchte das Öl, vor allem für ihre Panzer. Hitler hatte im April eine Geburtstagstorte mit der Verzierung „Sowjetunion“ geschenkt bekommen. Nach dem Verzehr des Stücks mit den Buchstaben „B-A-K-U“ soll er gesagt haben: „Wenn wir nicht an das Öl von Baku kommen, ist der Krieg verloren.“ In der Schlacht um Stalingrad (August 1942–Februar 1943), die zur verlustreichsten Schlacht der Wehrmacht überhaupt wurde, hatte die Armee jedoch 35 % ihrer Einsatzstärke verloren. Auch die Einnahme von Rostow am Don war verlustreich verlaufen. Es gab zwar noch Aufklärungsflüge der Luftwaffe über Baku, aber 530 Kilometer nordwestlich der Stadt kam die Operation zum Stillstand. Hitler sollte ausnahmsweise recht behalten ...

1937: Der Roman „Ali und Nino“ (s. S. 114) von Qurban Səid beschreibt den Alltag in Baku. Er wird in 30 Sprachen übersetzt.

1940: Baku fördert über 70 % des Rohölbedarfs der gesamten UdSSR.

1942: In der „Operation Edelweiß“ will Adolf Hitler bis in den Kaukasus vordringen, um an das Öl von Baku zu kommen, ohne das, wie er selbst sagt, „der Zweite Weltkrieg verloren“ sei. Die Sowjets leisten heftigen Widerstand. Die deutsche Armee schafft es nur bis 530 Kilometer vor Baku, die Truppen sind von der Schlacht von Stalingrad und Rostow

Deutsche Spuren in Baku

Das heutige Antlitz der Hafenstadt im Kaukasus wurde maßgeblich von deutschen Baumeistern und Ideengebern mitgeprägt. So haben zum Beispiel die Grünanlagen deutsche „Vorfahren". Der von 1852 bis 1858 als Festungskommandeur tätige ***Roman von der Hoven*** *war ein russischer Offizier mit deutschen Wurzeln. Seine geniale Idee, die aus Persien kommenden Schiffe fruchtbare Schwarzerde als Hafenzoll mitzubringen zu lassen, war die Grundlage für jede Art von Anpflanzungen in Baku. Die Schiffe fuhren dann mit Öl betankt zurück. Die Brüder Nobel (s. S. 50) entwickelten die Idee später weiter und ließen die Tanker aus Russland und Europa Säcke mit Stecklingen, Samen und Obstbäumen mitbringen. Einige mussten Frischwasser aus der Wolga mitbringen, um Zöllen zu entgehen. Diesem Einfallsreichtum verdankt die Stadt ihren heutigen Oasencharakter.*

046ba

Nach 1859 arbeitete der Deutsche ***Karl Gustav Gippius*** *(1831–1880) als Stadtarchitekt in Baku. In dieser Funktion legte er das erste Steinufer an und baute einige Privatvillen und die armenische Kirche am Fountains Square* ⓾.

Auch viele deutsche Ingenieure, Unternehmer und Wissenschaftler hinterließen ihre Spuren in Transkaukasien. 1868 konstruierte die Firma Siemens die Telegrafenlinie Tiflis-Baku. Die Firma ***Siemens & Halske*** *gehörte zu den Wirtschaftspionieren in Russland und im Kaukasus. 1879 gelang ihr die Verlegung des Telegrafenkabels unter dem Kaspischen Meer. Später arbeitete die Firma an der Elektrifizierung der Ölfelder mit. Das heutige Stone Chronicle Museum (s. S. 60) ist in einem alten Siemens-Kraftwerk hinter dem Flaggenplatz untergebracht, das gerade frisch saniert wurde.*

Die deutschen Chemiker ***Justus von Liebig und Carl Engler*** *hatten großen Anteil an der Raffinerie von Rohöl in Baku. Eine der bedeutenden Erdölfirmen mit deutschen Wurzeln war das* ***Handelshaus Benkendorf,*** *das 1920 enteignet wurde. Die 1907 fertiggestellte Eisenbahntrasse zwischen Baku und dem Schwarzen Meer wurde auch mit deutschem Kapital finanziert. Die Erfindung des* ***Diesel-Motors*** *1893 revolutionierte nicht nur die Schifffahrt, sondern auch die Antriebssysteme der Erdölfördertürme. 1898 gründeten ein Neffe Alfred Nobels und Alfred Diesel die „Russische Diesel-Motor Co. Nürn-*

◁ Justus von Liebig war einer von vielen deutschen Pionieren im Kaukasus

berg". Die zwischen Astrachan und Sankt Petersburg verkehrenden Tanker wurden nach 1908 mit Dieselmotoren ausgestattet, was den Öltransport zu Wasser deutlich beschleunigte. Aber weder Diesel noch die Firma Deutz ließen Produktionsstätten, Reparaturwerkstätten und Ersatzteillager vor Ort in Baku errichten. Es blieb bei Exportgeschäften in die Region, zuweilen über Sankt Petersburg.

Um das Fehlen von Süßwasserquellen auf der Halbinsel Abşeron, auf der Baku liegt, zu substituieren, wurde eine deutsche Firma 1905 mit dem Bau einer Entsalzungsanlage betraut. Das so gewonnene Trinkwasser reichte aber bei Weitem nicht aus. Die erste, 1917 in Betrieb genommene Wasserleitung konstruierte ein Brite, die Pumpen lieferte jedoch eine deutsche Fabrik aus Sachsen-Anhalt. Der Ingenieur William Lindley hatte viele europäische Städte an Wasserleitungen angeschlossen. Die Wasserleitung, die über 180 Kilometer Trinkwasser aus dem Kaukasus nach Baku beförderte, war jedoch ein Geniestreich.

Das flexible Straßenraster und die zweigeschossigen Atriumhäuser der Zeit um die letzte Jahrhundertwende gehen auf den deutschstämmigen Stadtarchitekten und Bürgermeister ***Nikolaus von der Nonne*** *(1836–1906) zurück. Sein Bebauungsplan von 1897 sah opulente Plätze und breite Boulevards, aber auch den Abriss alter Bausubstanz vor. Er selbst entwarf u. a. die Villa Debur (heute Teil des Nationalen Kunstmuseums 17). Die Begrünung der Uferpromenade zu Beginn des 20. Jh. geht auf den armenischen Architekten Gavrili Termikelov zurück, dem der deutsche Architekt* ***Adolf Wilhelm Eichler*** *(1869–1911) bei der Umsetzung half. Baku verdankt Eichler außerdem die evangelisch-lutherische Erlöserkirche, die heute mit dem von der Firma Wintershall sanierten Kapellhaus als Konzertsaal fungiert, einige Wohnhäuser, eine Schule und eine Moschee. Als Eichler 1911 starb, waren die Bauarbeiten für den Bulvarı gerade abgeschlossen.*

Der deutschstämmige Ingenieur ***Ferdinand A. Lehmkuhl*** *(1822–1894) war von 1876 bis 1877 Stadtarchitekt von Baku.*

Johann Wilhelmowitsch Edel *(1863–1932) hatte die Idee für eines der schönsten Stadthäuser seiner Zeit, die Villa des Ölbarons İsa bəy Hacınski 21. Der Prachtbau neben dem Jungfrauenturm 1 ist ein architektonisches Meisterwerk. Nach der Revolution wurde Edel in den Stadtrat von Baku gewählt.*

Das ultimative Symbol Bakus, die drei stilisierten Flammen aus Stahl und Glas 28, wird nachts mit den LED-Leuchten der deutschen Firma ***Osram*** *in bunte Lichter getaucht. Die Fassade wurde von dem* ***Architekturbüro Werner Sobek*** *in Frankfurt konzipiert.*

Im gesamten Kaukasus, wenngleich nicht direkt in Baku, hinterließen die vor 200 Jahren von Zar Alexander I. eingeladenen Deutschen aus Schwaben ein reiches Erbe. Die früheren Kolonien Helenendorf (heute Göygöl), Annenfeld (heute Şəmkir) und Georgsfeld (Çinarlı) u. a. zeugen noch heute von der Tätigkeit deutscher Kolonisten, vor allem in der Kupferproduktion, im Weinbau, in der Geologie, im Kobaltabbau, in der Käserei, beim Erztransport sowie im Telegrafen- und Ölpipelinebau.

Öl und Gas für Europa

Öl

Baku hat für Europa eine besondere Bedeutung. In Sangachal südlich von Baku befindet sich der einzige nicht vom Iran oder von Russland kontrollierte Zugang zu kaspischem und zentralasiatischem Öl und Erdgas.

Schon die Fertigstellung des Wolga-Don-Kanals im Jahr 1952 markierte einen Meilenstein in der Geschichte der Ölförderung. Von da an konnten die Öltanker von Baku über das Kaspische Meer an den russischen Städten Astrachan, Wolgograd und Rostow vorbei ins Asowsche Meer, dann ins Schwarze Meer und von dort ins Mittelmeer und somit nach Europa weiterfahren. Auf diesem Weg wurden auch die Gasturbinen, Pumpen und Röhren für neue Plattformen in Baku von Norwegen aus ans Kaspische Meer transportiert.

Mitten im Kalten Krieg wurde 1963 ein Röhren-Embargo gegen die Sowjetunion verhängt, das den Ausbau der Industrieanlagen in Aserbaidschan erschwerte. In den 1980er-Jahren ging die Ölförderung zurück, aufgrund der finanziellen Engpässe wurde wenig investiert. Als Margaret Thatcher beschloss, mit Gorbatschow Geschäfte zu machen („I like Mr Gorbachev. We can do business together"). öffnete sie damit British Petroleum (BP) Tür und Tor am Ölhimmel von Baku. Als Aserbaidschan 1991 seine Unabhängigkeit von der Sowjetunion erklärte, konnte sich BP am dortigen Markt etablieren. 1994 wurde mit einem Konsortium aus elf Firmen aus Großbritannien, den USA, Russland, Norwegen, der Türkei und Saudi-Arabien unter der Ägide von SOCAR (State Oil Company of Azerbaijan Republic) ein sogenannter „Jahrhundertvertrag" über den Bau einer Öl-Pipeline von Aserbaidschan über Georgien an die Mittelmeerküste der Türkei unterzeichnet. Das aus mehreren Bohrinseln und Unterwasserpipelines bestehende Öl- und Gasfeld Azeri-Chirag-Guneshli vor der Küste von Baku sollte zu dem Zweck weiter erschlossen werden. Heute unterliegen alle Plattformen, Terminals und Raffinerien höchster Geheimhaltung und sind nicht auf Google Earth zu sehen.

Mit dem 2006 in Betrieb genommenen Terminal Sangachal 50 Kilometer südlich von Baku und der von dort abgehenden BTC (Baku-Tbilisi-Ceyhan)-

047ba-hmj

Pipeline hat Europa einen direkten Zugang zu zentralasiatischem Öl, denn auch Rohöl aus Kasachstan und Turkmenistan wird eingespeist, das zunächst mit Tankern über das Kaspische Meer transportiert wird. Um diesen aufwendigen Prozess zu verkürzen, wird seit einiger Zeit darüber nachgedacht, die BTC-Pipeline Richtung Osten, aber auch nach Westen zu verlängern. Von Baku aus braucht das kaspische Öl zehn Tage, bis es die türkische Mittelmeerküste erreicht. Von dort wird es per Tanker verschifft und landet nach insgesamt zweiundzwanzig Tagen beispielsweise in Rockolding in Bayern und hat somit 5000 Kilometer hinter sich. Das Öl muss in Georgien über den 2500 Meter hohen Kodiana-Pass gepumpt werden. Allein dafür wurden in der unwegsamen Berggegend Kraftwerke gebaut. Für einige Brisanz sorgt auch der „eingefrorene“ Konflikt um das in der Zone liegende umkämpfte Bergkarabach (s. S. 102).

Gas

2014 wurde in einem ebenfalls irrtümlicherweise als „Jahrhundertvertrag“ bezeichneten Abkommen beschlossen, die parallel zur Ölpipeline verlaufende, sich seit 2015 in Bau befindliche Gaspipeline TANAP (Transanatolische Pipeline) nun doch über die Türkei hinaus durch Griechenland und Albanien bis nach Italien zu verlängern, wobei ein Teilstück unter der Adria verlegt werden müsste (Trans-Adriatic-Pipeline TAP). Ab 2019 wird nun, ebenfalls ab Sangachal, aserbaidschanisches Gas bis nach Ceyhan in die Türkei und 2019 sogar weiter nach Italien gepumpt. Auch die Übernahme des ESSO-Tankstellennetzes (170 Tankstellen) von ExxonMobil 2012 in der Schweiz verschafft der staatlichen aserbaidschanischen Ölgesellschaft SOCAR, die heute 80.000 Mitarbeiter zählt, einen perfekten Zugang zum Endverbraucher in Europa.

Eine ungemein wichtige Rolle im Öl- und Gasgeschäft Aserbaidschans spielt nach wie vor das britische Unternehmen BP. Nach der Explosion der Deepwater Horizon Bohrinsel 2010 im Golf von Mexiko hätte BP seine Anteile an den aserbaidschanischen Ölquellen und -raffinerien verkaufen können, immerhin stand BP kurz vor dem Ruin. Gazprom hatte großes Interesse an dem Gasfeld Shah Deniz („Meereskönig“). Hätte BP nachgegeben, würde Russland heute nicht nur die Gas-, sondern vermutlich auch die Ölexporte aus dem Kaspischen Meer nach Europa kontrollieren und hätte somit seine Einflusssphäre beträchtlich ausgeweitet. Ungeahnte strategische Bedeutung kam der BTC-Pipeline zu, als Russland 2014 die Krim annektierte und den Westen mit einem Einmarsch in die Ostukraine gegen sich aufgebracht hatte. Auch die staatlichen chinesischen Ölkonzerne hatten seinerzeit Interesse an den BP-Anteilen im aserbaidschanischen Ölgeschäft signalisiert. China hätte sehr wahrscheinlich versucht, über den Bau von Ölpipelines Richtung Osten mehr aserbaidschanisches Öl in sein eigenes Reich zu pumpen …

◁ Im Museumszentrum (19) zeigen Modelle, wie Bohrtürme das Stadtbild einst prägten

dezimiert. Baku geht unzerstört aus dem Krieg hervor.

1947: Die erste Ölplattform der Welt entsteht im Kaspischen Meer, die Ölreserven an Land gehen zur Neige.

1962: Der Wissenschaftler Lev Landau bekommt für die Erklärung der Superfluidität von Helium als erster Aserbaidschaner den Nobelpreis verliehen.

1967: Baku erhält ein Stadtwappen, auf dem die vier Buchstaben in kyrillischer Schrift stehen. Darunter sind drei Tropfen Öl und blaue Wellen angeordnet.

1969–1982: Heydər Əliyev, Parteichef und erster Muslim im Politbüro, treibt die diversifizierte Industrialisierung in seiner Heimat voran.

1982: 15 Mio. Kubikmeter Gas werden pro Jahr gefördert.

1988 (bis 1994) kommt es zu einem kriegerischen Konflikt um ein großes Gebiet auf aserbaidschanischem Territorium namens **Bergkarabach** (Dağlıq Qarabağ), das die Armenier für sich reklamieren. Mit der Begründung, einen drohenden Bürgerkrieg verhindern zu wollen, rollen 1990 sowjetische Panzer durch Baku. Drei Menschen werden getötet. Der Konflikt ist weiterhin ungelöst, bislang sind 20.000 Menschen gestorben. Bis heute sind 20 % des aserbaidschanischen Staatsgebietes von Armenien besetzt.

1991: Als sich die Sowjetunion auflöst, erklärt Aserbaidschan seine Unabhängigkeit.

1992: Als Reaktion auf die Niederlage bei der folgenreichsten armenischen Offensive im Bergkarabach-Konflikt, dem Massaker an 613 zivilen Opfern im Ort Chodschali, wird das kommunistische Regime gestürzt.

1993: Heydər Əliyev wird Präsident der unabhängigen Republik Aserbaidschan.

2000: Das Altstadtviertel innerhalb der Befestigungsmauern wird zum UNESCO-Weltkulturerbe erklärt, kurz danach werden bei einem Erdbeben der Stärke 6,7 auch Bauwerke der Altstadt beschädigt.

2003: İlham Əliyev, der Sohn des früheren Präsidenten Heydər Əliyev, wird dessen Nachfolger und etabliert ein autoritäres Regime, dem es an Presse- und Meinungsfreiheit mangelt. 2017 macht der Präsident seine Frau Mehriban Əliyeva zu seiner Vizepräsidentin. Auf ihre Initiative hin wird die Heydər Əliyev Foundation gegründet, die das kulturelle Leben in Baku maßgeblich bestimmt.

2006: Die Baku-Tiflis-Ceyhan-Pipeline wird in Betrieb genommen. Das Öl wird in Sangachal 45 Kilometer südlich von Baku in die Pipeline gespeist und bis ans Mittelmeer gepumpt.

2012: Der Eurovision Song Contest ist zu Gast in Baku.

2015: Die ersten Europaspiele werden in Baku ausgetragen.

2016: Beim Großen Preis von Europa gastiert die Formel 1 in Baku, zunächst für fünf Jahre. Seit 2017 heißt das Rennen „Großer Preis von Aserbaidschan".

2017: Bewerbung für die EXPO 2025

2018: Die TANAP-Pipeline liefert Gas nach Europa. İlham Əliyev geht als eindeutiger Sieger aus den Präsidentschaftswahlen hervor.

2019: Im Mai findet das Europa-League-Finale in Baku statt.

2020: Im Rahmen der erstmals in mehreren europäischen Ländern gleichzeitig stattfindenden Fußball-Europameisterschaft werden drei Gruppenspiele und ein Viertelfinale in Baku ausgetragen.

Ein bisschen Bollywood-Feeling ist in ganz Baku zu spüren

048ba-hmj

Leben in der Stadt

Stadtentwicklung

Die konzentrischen Kreise um die Altstadt erfahren seit einigen Jahren große Einschnitte. Im Zuge einer umfassenden Sanierung der ärmeren Stadtviertel werden ganze Straßenzüge samt der von den Bewohnern so geliebten Innenhöfe dem Erdboden gleichgemacht und durch **neuere, höhere und teurere Wohnbauten** ersetzt. Das drängt viele ehemalige Bewohner in die Außenbezirke. Es heißt, 500.000 Wohnungen seien seit der Privatisierung nach 1989 nicht beim Katasteramt registriert, sodass die dort wohnenden Menschen vom Gutdünken des Staates abhängig sind. Das heute sehr zentral gelegene frühere Industrieviertel **„Schwarze Stadt"** wurde geräumt und wird derzeit in atemberaubender Geschwindigkeit neu gebaut, inklusive Renaturierung des Bodens. Manchmal liegt Ölgeruch in der Luft, das bleibt nicht aus, zumal an den Stadträndern immer noch die über 100 Jahre alten Ölpumpen ihren Dienst verrichten.

Kosmopoliten

Im Lauf der Zeit haben sich am Kaukasus viele ethnische Gruppen niedergelassen. Auch heute leben Türken, Russen, Ukrainer, Juden, Talyschen, Lezginer, Kurden, Awaren, Iraner, Tataren und Georgier friedlich zusammen. Die **Weltoffenheit** hat hier Tradition, auch die Religionstoleranz ist nicht zuletzt aufgrund der Trennung von Religion und Staat groß. Der **Islam** ist Teil der Identität, spielt aber im Alltag kaum eine Rolle, die Moscheen sind fast immer leer. Als **Schiiten** stehen die Aserbaidschaner den Iranern näher als den sunnitischen Türken, aber auch das hat sich im letzten Jahrhundert grundlegend gewandelt, die Türkei gilt als Sehnsuchtsland. Nach 1990 haben viele kultivierte Bakuer, vor allem aber Russen und Juden, die Stadt auf der Suche nach mehr Perspektiven verlassen. Seit der erstmaligen Vereinnahmung der Region Bergkarabach 1988 bis 1994 durch die benachbarten Armenier verließen viele das Land, da sie in Ungnade gefallen waren. Der Konflikt ist bis heute nicht beigelegt. Dafür ist aserbaidschanische Landbevölkerung nach Baku nachgezogen.

„Bakinzy"

Die Bewohner der Stadt empfinden es als Privileg, aus Baku zu kommen und dort zu leben. Im Russischen gibt es dafür einen eigenen Begriff. Die „Bakinzy" würde man im Deutschen als **„Bakuer"** bezeichnen, aber der russische Begriff transportiert noch mehr. Er leitet sich von der aserbaidschanischen Bezeichnung „Bakı" für Baku ab und impliziert eine Zugehörigkeit zu einer bestimmten Spezies von traditionell denkenden, aber auch aufgrund der vielen ethnischen Einflüsse **kosmopolitischen, warmherzigen und gastfreundlichen Menschen.** Im Gegensatz zu vielen Stadtbewohnern anderer Länder lächeln die „Bakinzy" auch Fremde an. Überhaupt bringen sie einem Gast höchsten Respekt und herzliche Aufmerksamkeit entgegen, beschenken diese den Gastgeber doch mit ihrem Besuch. Allerdings sollte man eine Einladung dreimal ablehnen und erst beim vierten Anlauf zusagen. Das gehört zum gesellschaftlichen Ritus dazu und hat seine Ursprünge in der arabischen Welt. In der Unterhaltung erzählen die „Bakinzy" unvermittelt von (all) ihren Vorfahren. Welchen Beruf sie hatten, welche Erfolge sie aufweisen konnten usw. ...

Die Familie

Anders als im Westen ist der Individualismus hier weniger stark ausgeprägt. Jeder nimmt sich als Teil einer großen (oder kleinen) Familie wahr und auf die ist man stolz. Bei einem Durchschnittslohn von 400 € ist es einfacher, dass die nach wie vor intakten Klanstrukturen vorgeben, dass ein Besserverdiener nicht nur seine Familie samt Eltern und Großeltern, sondern auch die seiner Geschwister finanziell unterstützt. Das dadurch entstehende **soziale Netz** funktioniert auch, wenn das zu Wohlstand gekommene Familienmitglied im Ausland lebt. Diese Art der Unterstützung ersetzt ein staatliches Sozialsystem. Die Einnahmen aus dem Öl- und Gasgeschäft bleiben nach wie vor in den oberen Bevölkerungsschichten hängen. Hat man das Glück, einen Posten in der Politik ergattert zu haben, steht auch dem finanziellen Erfolg nichts mehr im Wege. Andersherum funktioniert der Aufstieg jedoch selten. Korruption ist nach wie vor weit verbreitet, laut Transparency International belegt Aserbaidschan im Korruptionsindex einen der hinteren Ränge. Allerdings sind die Kategorien für die Ermittlung des Indexes manchmal einseitig. Nach einer gelungenen Operation eines Angehörigen bekommt ein Chirurg in Aserbaidschan Geschenke, ohne dass eine von beiden Seiten das verwerflich findet. Manchmal stehen einem Land auf dem Weg in die Moderne aber auch jahrhundertealte Traditionen im Weg.

Zwänge, aber auch die nicht garantierte **Meinungs- und Pressefreiheit** führen jedoch auch dazu, dass viele junge Aserbaidschaner ihr Heimatland zumindest zeitweilig verlassen. Dass es nicht genügend Arbeitsplätze gibt und der Durchschnittsverdienst deutlich unter dem eines Europäers oder Amerikaners liegt, ist ein weiterer Grund für den „brain drain".

Frauenpower

Nach alter Tradition ist der Mann für das Geldverdienen zuständig und die Frau für die Familie. Das laizistische Erbe der Sowjetunion erkennt man auch daran, dass in einem muslimischen Land wie Aserbaidschan keine junge Frau einen **Hidschab** oder ein **Kopftuch** trägt, stattdessen sieht man sie mit russischen Highheels, westlicher Mode, amerikanischem Make-up ... und einer neuen Nase. **Schönheitsoperationen** sind gesellschaftlich toleriert und ein Statussymbol, sofern das Ergebnis stimmt. Ob dem so ist, wird sofort bei einem Selfie mit dem Smartphone geprüft. Wichtig ist den Damen das von dem Wort „Prestige“ abgeleitete Adjektiv „prestischnij“, mit dem sie alles Wertige, Schöne und Teure beschreiben, das ihnen sehr wichtig ist.

Allerdings sollten die jungen Mädchen immer noch möglichst jungfräulich in die Ehe gehen und wohnen bis zur Hochzeit bei den Eltern. Sobald die Frauen Kinder haben, sieht man sie im Stadtbild seltener, da sie sich um Haus und (Innen-)Hof kümmern oder einer Arbeit nachgehen. Die Kinder betreut in der Zeit die Großmutter.

Haarpracht und Kopfbedeckungen

In den Straßen sieht man vor allem Männer, die oft **schwarze Kleidung und eine Kopfbedeckung** tragen. Graue Haare sind verpönt, und zwar sowohl bei den sehr gepflegt aussehenden Frauen als auch bei den entweder mit Bart oder Schnurrbart geschmückten Männern. Noch heute ist es so, dass eine lichter werdende Haarpracht mit einer Kopfbedeckung kaschiert wird. Die meisten aserbaidschanischen Männer rasieren sich im Alter den Schädel kahl und tragen auch in Innenräumen, auf Partys und beim Abendessen eine Kopfbedeckung, wie etwa die kegelstumpfförmige Pelzmütze **Papaq**.

Eine Stadt zieht um: Aus der „Schwarzen Stadt“ wird die „Weiße Stadt“

„Hat Aserbaidschans ‚Schwarze Stadt‘ eine goldene Zukunft?“, fragte der CNN-Journalist Jim Boulden 2014, als der Masterplan für die derzeit größte Baustelle Europas gerade abgesegnet worden war. **Baku White City** (Bakı ağ şəhər) ist ein Stadtentwicklungsprojekt der Extraklasse. Schon der frühere Präsident Heydər Əliyev hatte die Vision: „Die Schwarze Stadt wird eines Tages eine weiße und saubere Stadt werden. Dort werden Blumen blühen und sie wird eine der schönsten Sehenswürdigkeiten des Landes werden.“

Es ist historisches Territorium, auf dem die größten Erdbewegungen in der Geschichte von Baku stattfinden. Hier befand sich einst das **Zentrum der erdölverarbeitenden Industrie der Sowjetunion** und zugleich das älteste Zentrum der Ölindustrie der Welt. Da Baku in den letzten Jahren enorm gewachsen ist und das Areal de facto heute nicht mehr für industrielle Zwecke benötigt wird, wird vier Kilometer von der historischen Altstadt entfernt ein neues Viertel entstehen. Allerdings musste zunächst der ölverseuchte Erdboden ausgetauscht und abgeräumt werden. Der Masterplan sieht **unterschiedlich gestaltete Wohn- und Shoppingblocks** vor, um eine architektonische Mono-

049ba-hmj

tonie von vornherein auszuschließen. Hinter den Bezeichnungen Green Hill, Babek Strip, Babek Quarter, CBD (Central Business District), Nizami Park, Park District, Baku City Mall und Olympic Village verbergen sich einzelne kleine „Kieze“, die **attraktives Großstadtleben nach ökologisch einwandfreien Kriterien** versprechen.

Die neue Fountains-Square-Brücke wird die City Mall mit dem zentralen Teil der White City verbinden. Der prägnanteste Bereich dieses mit 221 ha **weltweit größten Renaturalisierungsprojektes** umfasst mehr als 1,7 km Uferpromenade und liegt somit sehr zentral. Die Abschnitte Bulvarı, Waterfront und Port District bezeichnen die Flurstücke zum Wasser hin. Der Neubau dieses gigantischen Stadtviertels samt Infrastruktur wird das **Stadtbild nachhaltig verändern.** Vom Umfang her ist das Großprojekt mit dem Bau des Boulevard Haussmann in Paris zu vergleichen. Einige Straßenzüge erinnern tatsächlich an die typischen, meist fünfgeschossigen Haussmann-Mansarddachhäuser. Hinter dem Projekt stehen so renommierte Architekturbüros wie Atkins (UK), Foster und Partners, F+A Architects (USA), DLR Group (USA) oder UNStudio (Niederlande), aber auch der aserbaidschanische Projektplaner Konstruktor MMC. Das **Baku Eye** 25 zieht auch hierher. Baku White City wird so groß sein wie Andorra und **Platz für 50.000 Bewohner und 48.000 Arbeitsplätze** bieten. Das **Boulevard Hotel** (s. S. 123) am Ufer und das derzeitige Epizentrum in Form eines weißen, elliptischen Bürogebäudes sind schon fertig. Letzteres zeigt im EG eine Computeranimation.

› Office Building, Nobel prospekti 25, Metro: Xətai, Tel. 5255050, www.bwc.az, Masterplan unter www.bakuwhitecity.com

^ *Ein Modell des neuen Stadtteils*

PRAKTISCHE REISETIPPS

050ba-hmj

An- und Rückreise

Mit der seit 1992 operierenden, sicheren und komfortablen Azerbaijan Airlines (AZAL) kann man von **Berlin und Frankfurt am Main** für knapp 400 € (hin und zurück) nach Baku fliegen, allerdings bislang nur zweimal pro Woche (sonntags und dienstags). Für 350 € fliegt Ukrainian International Airlines von mehreren deutschen Städten sowie von **Zürich und Wien** nach Baku (mit Stopp in Kiew). Lufthansa bietet für ca. 400 € Baku von mehreren Flughäfen **(Hamburg, München)** an, fliegt aber erst bzw. nur ab Frankfurt am Main direkt, dafür täglich.

Aus Europa kommend sollte man sich einen **Platz** im Flugzeug **auf der rechten Seite** suchen. Den Landeanflug wird man nicht vergessen.

Pass- und Visakontrolle gehen am nagelneuen **Heydər-Əliyev-Flughafen** (GYD) zügig voran. Man zeigt das zu Hause am Computer ausgedruckte E-Visa-Papier und den Pass und stellt sich auf die beiden auf dem Boden markierten Füße. Dann wird ein Foto gemacht und mit dem Passbild abgeglichen. Sodann passiert man den Schalter und erreicht die Gepäckankunftshalle, in der man die Wartezeit mit Geldabheben an einem der Automaten überbrücken kann (alternativ gibt es Automaten in der Ankunftshalle), sogar Maestro-Karten funktionieren einwandfrei. Mietwagenverleih, Lokale, Duty Free und Souvenirshops findet man im Ankunfts- und Abflugtterminal auch. Außerdem am Flughafen: ein Sheraton-Hotel.

› www.airport.az

Vorseite: Auf der Terrasse des Landmark Hotels (s. S. 124) kann man Stunden verweilen

Vom Flughafen in die Stadt

Es gibt neuerdings eine **24-Stunden-Busverbindung in die City.** Bus Nummer 5 fährt jede halbe Stunde von und zur Metrostation 28 May, die Haltestelle befindet sich 300 Meter vom Flughafengebäude entfernt in der Tebriz küç. Das Ticket kauft man am Baku Card Kiosk am Ankunftsterminal, es kostet 1,50 ₼.

› www.aeroexpress.az

Man kann aber auch die **günstigen Taxipreise** nutzen und sich gleich an den Zielort fahren lassen, man sollte aber den Preis vor der Fahrt festlegen. Die staatlichen Taxis sind vom Bautyp her identisch mit den Londoner Taxis (mit Air Condition) und unübersehbar, da lilafarben! Sie heißen nicht umsonst im Volksmund badımcan – Aubergine.

Eine Fahrt mit dem Taxi in die Innenstadt kostet ca. 30 ₼.

Autofahren

Im Land des Öls gibt es nicht nur sehr viele Autos, sondern auch **Tankstellen.** Trotzdem macht es nur Sinn, sich einen Mietwagen zu nehmen, wenn man weit ins Landesinnere fahren will. Ansonsten ist man mit einem Taxi gut bedient, zumal da penibel auf die Einhaltung der Verkehrsregeln geachtet wird und man sich am Steuer von den vielen Radarfallen, Kameras und Polizeiwagen reichlich verunsichert fühlt. **Parken** ist in Baku nur eingeschränkt möglich. Seit der Denominierung des Manat ist das **Taxifahren** günstig. Selbst der Feuertempel 42 und Yanar Dağ 44 sind für 30 ₼ mit dem Taxi erreichbar (hin und zurück) und ein Nerven schonenderer Ausflug.

051ba-hmj

Barrierefreies Reisen

Baku ist leider keine sehr behindertengerechte Stadt. Die **Verkehrsmittel** sind mit Rollstuhl (wie mit Kinderwagen) eine Zumutung. Es gibt **kaum Fahrstühle**, viele Stufen beim Umsteigen und große Höhenunterschiede, die das Schieben eines Rollstuhls erschweren. Auch die **Straßenunterquerungen** sind nur schwer zu bewältigen.

Der **Bundesverband Selbsthilfe für Körperbehinderte** (mit Reiseassistentensuche und Spezialreisen) kann eventuell weiterhelfen: www.bsk-ev.org.

Diplomatische Vertretungen

•84 [D2] **Deutsche Botschaft,** Nizami küç. 69 (im ISR-Plaza, 6. Stock), Metro: İçərişəhər, www.baku.diplo.de, Tel. +994 12 4654100, Notrufnummer: +994 502430124 (auch SMS-Empfang), geöffnet: Mo.–Do. 9–16, Fr. 9–14 Uhr

› **Österreichische Botschaft,** Nizami küç. 90 (im Landmark-Gebäude III, 6. Stock, s. S. 124), www.bmeia.gv.at/baku, Tel. +994 12 4659933, Notrufnummer: +994 772770071 geöffnet: Mo.–Do. 9–12.30 Uhr

•85 [C4] **Schweizer Botschaft,** Böyük qala 9, Metro: İçərişəhər, www.eda.admin.ch/baku, Tel. 4373850, Notfallrufnummer: +994 41800247365, geöffnet: Mo.–Fr. 8.30–13 und 13.45–17.30, Fr. nur bis 16 Uhr

Ein- und Ausreisebestimmungen

Reisende aus Deutschland, Österreich, der Schweiz, Liechtenstein und Luxemburg können mit ihrem **Reisepass** nach Aserbaidschan einreisen. Der deutsche vorläufige Reisepass sowie der österreichische Notpass werden akzeptiert, nicht jedoch der deutsche Personalausweis. Alle Aus-

⌃ *Das Designbüro Autoban hat die Holz-Cocoons im Flughafen entworfen*

weisdokumente müssen mindestens drei Monate länger gültig sein als die geplante Reisedauer.

Internationale Besucher Aserbaidschans müssen sich seit April 2013 innerhalb von 72 Stunden nach der Ankunft im Land beim Staatlichen Migrationsservice registrieren, **sofern der Gesamtaufenthalt 9 Tage überschreitet.** Für die meisten Besucher erfolgt dies über das Hotel, in welchem sie nächtigen. Wer bei Freunden oder Bekannten übernachtet, muss sich selbst um die Registrierung kümmern.

- 86 **Staatliche Migrationsbehörde (Azerbaijan Republic State Migration Service),** Binəqədi şose 202, Block 3123, Metro: Azadlıq, https://migration.gov.az, Tel. 919 oder 5656118. Man kann sich auch online unter http://en.e.migration.gov.az registrieren.

Visa

Ein Visum ist **Pflicht** für jeden, der mit einem deutschen, österreichischen oder Schweizer Pass nach Aserbaidschan reisen will. Das Prozedere für Touristenvisa (30 Tage gültig) wurde allerdings 2016 so stark vereinfacht, dass man in einem Dreischrittverfahren ohne Probleme ein **E-Visum** beantragen kann, sofern man Englisch versteht. Eine Passkopie muss als Datei angehängt werden. Bezahlt wird mit Kreditkarte (Kostenpunkt: ca. 20 €).

Sobald man die Zusage per E-Mail bekommen hat (meist nach nur drei Tagen), kann man das PDF-Dokument ausdrucken. Es ist ohne Foto gültig und muss lediglich bei der Einreise vorgezeigt werden. Reisende, die die aus aserbaidschanischer Sicht von Armenien besetzten Gebiete Aserbaidschans besucht haben, erhalten kein Visum.

Eine **Verlängerung** des Visums ist nur im Außenministerium in Baku möglich.

› https://evisa.com.az/en

Einverständniserklärung für Minderjährige

Reisen Kinder nur mit einem Elternteil, kann sowohl bei der Ausreise als auch bei der Einreise eine Einverständniserklärung des anderen Elternteils erforderlich sein. Detailinfos erhält man beim Auswärtigen Amt und beim zuständigen Konsulat.

Zollbestimmungen

Obst und Gemüse sowie landeskritische Texte dürfen nicht eingeführt werden, lebende Tiere nur mit Sondergenehmigung.

Alte Teppiche dürfen nur mit Genehmigung des Kulturministeriums ausgeführt werden.

Elektrizität

Die **Netzspannung** beträgt 220 V bei einer Frequenz von 50 Hz, also etwas weniger als in Deutschland (230 V), der Unterschied macht sich jedoch nicht bemerkbar.

Mit einem **deutschen Stecker** kann man jedes Elektrogerät in eine der in Aserbaidschan verwendeten Steckdosen vom Typ C und F stecken.

Geldfragen

Die offizielle Währung in Aserbaidschan ist seit 1992 der **Azərbaycan Manatı (Manat)**, die Untereinheit lautet **Qəpik**, wobei 100 Qəpik einem Manatı entsprechen. Als *Manāt* (arab. مناة , „Schicksal“, „Geschick“) bezeichnete man im vorislamischen Arabien die Göttin des Mondes und des Schicksals.

Aufgrund einer starken Inflation wurde der Manatı (AZM) im Jahre 2006 durch einen **neuen Manatı** (AZN) ersetzt. Das Symbol für den Manat ist ein liegender Halbkreis, welcher durch eine senkrechte Linie durchtrennt ist (₼). Es ähnelt einem um 90 Grad im Uhrzeigersinn gedrehten Eurozeichen.

Die modernen **Banknoten** Aserbaidschans zirkulieren in den Größen 1, 5, 10, 20, 50 und 100 Manatı. Sie wurden vom Österreicher Robert Kalina entworfen, dem Designer der Euro-Scheine.

Reisende haben Vorteile, wenn sie **stets den genauen Betrag bezahlen** können, welcher verlangt wird. Andernfalls behaupten Einheimische häufig, sie hätten kein Wechselgeld und erwarten, den Differenzbetrag behalten zu können.

Baku preiswert

Seit der Währungsabwertung des Manatı 2015 im Zuge der Wirtschaftskrise in Russland und des Ölpreisverfalls ist ein Aufenthalt in Baku absolut erschwinglich geworden. Selbst die Restaurantbesuche in teuren Restaurants sind für Besucher aus der Euro-Zone oder Gäste, die mit Schweizer Franken kommen, vergleichsweise günstig. Auch die Teehäuser, Cafés und Theaterbesuche sind günstiger als in Westeuropa. Mit einem Tagessatz von umgerechnet 60 ₼ kann man ohne Weiteres auskommen. Ein schmackhaftes Drei-Gänge-Menu findet man schon für ca. 20 ₼. ***Kaffee,*** *vor allem mit Milch, ist relativ teuer (ab 6 ₼).* ***Metrotickets*** *kosten nur rund 1 ₼, wenn man zunächst für 2 Manatı eine Plastikkarte namens BakuCard (BakıKART) gekauft hat, die man dann am Automaten aufladen lässt.*

Karten für die ***Philharmonie oder Oper*** *gibt es schon ab 20 ₼.*

Eine Bootsfahrt schlägt mit 6 ₼ zu Buche.

Taxifahren *ist ausgesprochen günstig, wenn man sich eine lilafarbene „Aubergine“, genannt „Badımcan“, organisiert. Die exakten Kopien der Londoner Taxis haben ein Taxameter.*

Museumsbesuche *rangieren zwischen 4 und 10 ₼.*

Eine ***Fahrt mit der Standseilbahn*** *Funikular* **27** *kostet nur 1 ₼.*

052ba-hmj

Die Park Bulvar Mall (s. S. 84) ist die günstigste Mall in Baku

Wechselkurse

1 ₼	0,49 €/0,58 SFr
1 €	2,04 ₼
1 SFr	1,70 ₼

(Stand: Mai 2018)

Die **Versorgung mit Manatı vor der Abreise** ist in der Regel nicht möglich, da die Landeswährung nur in begrenztem Umfang und nur von Bewohnern des Landes ausgeführt werden darf. Am Flughafen findet man mehrere Geldautomaten, an denen man mit der **EC-Karte** (Maestro) und/oder **Kreditkarte** Manat abheben kann, das gilt auch für die Automaten rund um die deutsche Botschaft (s. S. 109). Das Bezahlen und Abheben mit einer **VPAY-Karte** ist in Aserbaidschan nicht möglich. Der Geldtausch ist auch durchführbar, am besten in einer Bank (schließen meist um 16 Uhr). Bargeldzahlung ist noch immer die üblichste Art des Zahlungsverkehrs. Hotels, Restaurants und Shoppingcenter akzeptieren auch Kreditkarten (meist Visa).

Umrechnungskurs am Geldautomaten

Beim Abheben von Bargeld in Landeswährung wird manchmal angeboten, dass die Abrechnung mit dem eigenen Konto in Euro erfolgen kann. Das Verfahren ist als Dynamic Currency Conversion (DCC) bekannt. Wählt man diese Option, die ja sicherer erscheint, wird aber ein ungünstiger Wechselkurs zugrunde gelegt, der erhebliche Kosten verursachen kann. Deshalb sollte man Abhebungen immer in der Landeswährung vom eigenen Konto abbuchen lassen. Dann legt die eigene Bank den offiziellen Devisenkurs zugrunde.

Überweisungen und Notfall

Western Union bietet einen vernünftigen Tarif (ca. 25 % Kommission) für dringende Geldüberweisungen an und ist in Baku in einigen Banken vertreten, u. a. hier:

•87 [dg] **Western Union,** Ataturka prospekti 31, Metro: Gənclik, www.westernunion.de, Tel. 5616703, Mo.–Fr. 9–20 Uhr. Diese Filiale befindet sich relativ nah an der Metrostation der roten Linie (direkt von İçərişəhər erreichbar). Im Zentrum gibt es keine einzige Niederlassung.

Informationsquellen

Infostellen zu Hause

› Die gut gemachte, auf Englisch verfügbare Website **http://azerbaijan.travel** wird vom Tourismusministerium in Baku gepflegt.

› Die Arbeit des Fremdenverkehrsamts von Aserbaidschan übernimmt in Deutschland die Botschaft von Aserbaidschan in der Hubertusallee 43 in 14193 Berlin, www.azembassy.de, Tel. 2191613.

› **www.mfa.gov.az/en:** offizielle Seite des aserbaidschanischen Außenministeriums (Englisch).

› **Aserbaidschanisches Kulturzentrum,** Bellariastr. 8, 1010 Wien, www.azculture.at. Seit 2012 überrascht das Zentrum im Herzen Wiens mit interessanten Ausstellungen, Filmabenden, Konzerten etc.

› Die **Kulturabteilung der Republik Aserbaidschan in Berlin** (Klingelhöferstr. 20, 10785 Berlin) ist im Herbst 2018 bezugsfähig. Das von Claus Neumann Architekten in Kooperation mit Nariman Memarliq LLC aus Baku geplante Zentrum wird auf vier Etagen Veranstaltungen verschiedenster Art organisieren.

Infostellen in der Stadt

ⓘ**88** [G1] **Baku Information Center,** Üzeyir Hacıbəyov küç. 70, Metro: Sahil, www.facebook.com/pg/BakuTourismInformationCenter, Tel. 4981244, Mo.–Fr. 9–18 Uhr. Das offizielle Tourismusbüro ist eine gute Anlaufstelle für Unkundige. Hier gibt es Rat, Broschüren und Touren, die man buchen kann. In dem kleinen Kiosk ein paar Meter weiter direkt vor dem Regierungsgebäude ⑱ kann man Konzert- und andere Eintrittskarten kaufen.

ⓘ**89** [F2] **STI Azerbaijan,** Üzeyir Hacıbəyov küç. 21a, Metro: Sahil, www.sti.az, Mo.–Fr. 9–19 Uhr, Tel. 4980880. Die internationale Student Travel Confederation (ISTC) existiert seit 1949. Sie wird von der UNESCO und der Lufthansa unterstützt und bietet von ihrem Ableger in Baku aus seit 16 Jahren Touren durch Baku oder ganz Aserbaidschan an, u. a. zum Atəşgah-Tempel ㊷, nach Qobustan ㊺ oder zu den mittelalterlichen Festungen auf der Abşeron-Halbinsel.

› Seit Dezember 2017 gibt es ein **Goethe-Zentrum** in Baku unter der Leitung von Alfons Hug. Noch logiert es in den Räumlichkeiten der deutschen Botschaft (s. S. 109).

Die Stadt im Internet

› **www.azer.com:** Seit 1993 erscheint vierteljährlich eine Ausgabe zu einem bestimmten Thema, etwa zu „Ali und Nino" (s. S. 114) oder zur Geschichte der Ölboomvillen von Baku. Im Archiv schlummern mehr als 2000 Artikel, die auf Englisch geschrieben und auch online zu lesen sind. Eine wahre Fundgrube!

› **http://mct.gov.az:** Das Tourismusministerium in Baku bringt auf seiner Website einen „Baku Guide" auf Englisch heraus, der jeden Monat aktualisiert wird und sehr hilfreiche Informationen bietet, auch zu aktuellen Ausstellungen, Konzerten etc.

› **www.visions.az:** Vierteljährlich erscheint dieses gut gemachte Magazin namens Visions of Azerbaijan mit einem Extra-Baku-Teil. Die Online-Version ist ebenfalls sehr instruktiv und liefert gut recherchierte Artikel – auch auf Englisch.

› **https://baku-magazine.com:** Zusammen mit dem Condé Nast Verlag produziert Leyla Əliyeva dieses Monatsmagazin, das im Internet auf Englisch und als opulentes Hochglanzmagazin auf Russisch erscheint. Das Beste ist die Rubrik „Bakinzy" („Bakuer"), in der berühmte Menschen vorgestellt werden, deren Leben in Baku begann.

Smartphone-Apps

› **Baku Airport:** Flugsuche in Echtzeit und Check-in einfach gemacht (kostenlos für iOS und Android)

› **Baku Bus:** Mit dieser App kann man jede Haltestelle ausfindig machen und einsehen, welcher Bus dort hält (kostenlos für iOS und Android, mit Google Übersetzer zu benutzen).

› **City Taxi Baku:** praktische Taxisuche, auch auf Englisch (kostenlos für iOS und Android)

› **Manat Converter:** Währungsrechner mit unkomplizierter Bedienung und schönem Design (kostenlos für iOS und Android)

Internet

Aserbaidschan ist eins der ersten Länder der früheren Sowjetunion gewesen, in dem Breitbandinternet in großem Stil eingerichtet wurde. Im Zeitalter von Smartphones ist das Internetcafé eine aussterbende Spezies. In nahezu jedem Café, Hotel oder Restaurant gibt es **WLAN** (hier WiFi).

Meine Literaturtipps

- *Akunin, Boris: „**The Black City**", W & N Verlag, London 2018. Der letzte Teil der erfolgreichen Fandorin-Krimiserie aus der Zarenzeit spielt ausgerechnet in Baku. Der international bekannte russische Autor hat viele Monate für die Recherche in Baku verbracht. Bleibt zu wünschen, dass „Die schwarze Stadt" möglichst bald auf Deutsch erscheint.*
- *Bey, Essad: „**Öl und Blut im Orient**", Verlag H. J. Maurer, Freiburg 2008. Erstmalig erschien dieses Buch über eine Kindheit in Baku und eine „haarsträubende Flucht durch den Kaukasus" 1930 in der DVA München und war zu der Zeit ein internationaler Bestseller. Hinter dem Pseudonym steckt der deutschsprachige, aus einer russisch-jüdischen Familie stammende Lev Nussimbaum (1905–1942), der in seiner Autobiografie eindrücklich schildert, wie aus der baumlosen Wüstenstadt die Weltmetropole der Erdöls wurde und was die Bewohner in der Stadt der Winde im Innersten zusammenhielt.*
- *Estoppey, Anthea und Kollasch, Matt: „**Approaching Baku – Outsiders looking in**", Editions Messeiller, Neuchâtel 2016. Eindrucksvolle Schwarz-Weiß-Fotografien aus einem Baku abseits der Buntheit und Glitzerwelt, mit Texten auf Englisch und Französisch. Poetisch und ästhetisch zugleich.*
- *Hartmann, Sieglinde und Vilayət Hacıyev (Hrsg.): „**Das Geheimnis – Geschichten und Erzählungen aus Aserbaidschan**", Verlag Hans-Jürgen Maurer, Frankfurt am Main 2018. In vierundzwanzig Miniaturen vornehmlich aus dem 20. Jh. lüften die Autoren allerlei Geheimnisse ihres Heimatlandes und zeigen eine faszinierende, unbekannte Welt.*
- *Səid, Qurban: „**Ali und Nino**", Ullstein Verlag, Berlin 2008. In diesem erstmalig 1937 in Wien publizierten und 2016 an Originalschauplätzen verfilmten ultimativen Baku-Liebesroman treffen am Vorabend der Oktoberrevolution der Muslim Ali und die schöne Christin Nino aufeinander. Es entwickelt sich eine Geschichte, die es mit „Vom Winde verweht" durchaus aufnehmen kann und die bis heute nichts von ihrem Zauber verloren hat. Qurban Səid ist das zweite Pseudonym des Schriftstellers Lev Nussimbaum. Die Urheberschaft ist jedoch bis heute nicht mit letzter Sicherheit geklärt. Auch eine Dame namens Elfriede Ehrenfels wird als Autorin gehandelt. Die Sonderausgabe wurde mit einem Nachwort von Nino Haratischwili aufgewertet.*
- *Reiss, Tom: „**Der Orientalist**", Osburg Verlag, Berlin 2008. Der amerikanische Bestsellerautor hat auf 500 Seiten das außergewöhnliche Leben von Lev Nussimbaum nachgezeichnet und so dem sich als Prinz aus dem Morgenland gerierenden, in Baku als Sohn eines Ölmagnaten geborenen Bonvivant, Abenteurer und Starautor nachgespürt, der nach Ausbruch der Revolution nach Berlin flüchtete, dort unter verschiedenen Pseudonymen Bücher über den Kaukasus schrieb und zum Islam konvertierte. Der*

Welterfolg „Ali und Nino" stammt sehr wahrscheinlich aus seiner Feder.

- Goldstein, Alexander: **„Denk an Famagusta"**, Matthes & Seitz Verlag, Berlin 2016. „Baku im Spiegel eines unfassbaren literarischen Großwerks" schreibt der Verlag zu diesem spät gehobenen Schatz, der in den 1970er-Jahren spielt und 2004 in der Originalsprache Russisch erschien. Sprachmächtig, sarkastisch und pathetisch schildert der früh verstorbene russische Schriftsteller eine Stadt wie nicht von dieser Welt.
- Johenning, Heike Maria: **„Architekturführer Baku"**, DOM publishers, Berlin 2018. Kaleidoskopartig wird in diesem handlichen Füher die 1500 Jahre alte steingewordene Geschichte Bakus aufgefächert. Vom Şirvanşah-Palast 5 und alten Karawansereien über die Ölboomvillen bis hin zu den Prachtbauten der Sowjetmoderne und den Neubauten wie dem Heydər Əliyev Mərkəzi 39 werden alle bedeutenden Bauten mit Bild und Text beschrieben. Außerdem erfährt der Leser, wie man eine Wüstenstadt begrünt, wie der Jugendstil ans Kaspische Meer kam und was die Stadttextur mit einem Orientteppich gemein hat.
- Kermani, Narvid: **„Entlang den Gräben"**, C. H. Beck, München 2018. In dem hochverdichteten Reisetagebuch bekommt der Leser ein Gespür für Wüsten- und Waldmenschen, für die Erinnerungspolitik der Kaukasusländer und für die Ähnlichkeit von Baku und Miami.
- Sultanly, Vagif (Hrsg.): **„Modern Azerbaijanian Prose"** und **„Modern Azerbaijanian Women's Prose"**, Trafford publishing, Illinois 2012 und 2014. Zwei hochbrisante Anthologien, die nicht umsonst nur auf Englisch und nur im Ausland erscheinen. Ins Englische übersetzt, entfalten die Geschichten aber ebenfalls einen echten Sog.
- Wackwitz, Stephan: **„Die vergessene Mitte der Welt – Unterwegs zwischen Tiflis, Baku, Eriwan"**, S. Fischer Verlag, Frankfurt am Main 2014. Das eigenartig Schwebende und das orientalisch Entrückte fängt Wackwitz mit poetischen Sätzen ein und verortet Baku im Morgenland, obwohl man sich in vielen Straßen wie in Paris fühlt. Dass der russische Zar eigentlich über Aserbaidschan weiter nach Indien wollte und welche Rolle das Öl von Baku im Zweiten Weltkrieg spielte, ist bislang wenig bekannt.
- Sapper, Manfred; Weichsel, Volker (Hrsg.): **„Osteuropa: Grenzland – Konflikt und Kooperation im Südkaukasus"**, Berliner Wissenschafts-Verlag, Berlin 2015. Auf 600 Seiten werden die drei Länder des Südkaukasus in allen nur denkbaren Facetten vorgestellt. „Kaukasien ist Peripherie und Zentrum zugleich", schreiben die Herausgeber, die neben Beiträgen namhafter Wissenschaftler auch umfangreiches Karten- und Zahlenmaterial aus einer der ältesten Regionen der Erde mit ihren insgesamt nur 16 Mio. Einwohnern zusammengetragen haben.

Am gesamten Bulvarı sowie in der Altstadt hat man freies WLAN, z. B. wenn man sich bei **„Baku loves you"** mit seiner Rufnummer einwählt. Man muss seine Mobiltelefonnummer eingeben und manchmal zusätzlich auf die Flagge des Landes klicken, in dem der Provider beheimatet ist. Einige Sekunden später bekommt man dann ein Passwort per SMS zugeschickt. Manchmal haben Touristen mit älteren Handys oder weniger bekannten Anbietern das Nachsehen, wenn das Roaming nicht funktioniert. Im Normalfall sucht man z. B. das Netz „Baktelekom" und öffnet den Browser. Nach Eingabe des SMS-Passworts wird – meist nur für eine begrenzte Zeit – WLAN freigeschaltet. Den Vorgang kann man mehrmals wiederholen.

Der **Zugang zu sozialen Netzwerken kann eingeschränkt sein.**

Die Business Center der großen Hotels verfügen über **Computer**, die man gegen Entgelt benutzen darf.

Medizinische Versorgung

In Baku gibt es eine **hohe Dichte an qualifizierten**, Englisch und sogar Deutsch sprechenden **Ärzten.** Die **Krankenhäuser** sind modern, entsprechen aber oftmals nicht europäischen Standards. Auf der Website der deutschen Botschaft ist eine gelegentlich aktualisierte Liste deutschsprachiger Ärzte abrufbar.

Besondere **Impfungen** sind vor Reiseantritt aktuell nicht notwendig, angeraten ist eine Hepatitis-A-Impfung.

Die häufigste Reisekrankheit sind Magenbeschwerden. Es empfiehlt sich daher, **nur abgekochtes Leitungswasser zu trinken, auf Eiswürfel zu verzichten** und **Obst gut zu waschen.**

In die **Reiseapotheke** gehören Medikamente gegen Durchfall, Fieber und Schmerzen, Abführmittel, Sonnenschutzmittel, Desinfektionsmittel und Pflaster.

Eine **Auslandsreisekrankenversicherung** mit Rücktransport und evtl. Beistandsleistung (Notrufnummer bei der Versicherung) ist unbedingt empfehlenswert, vor allem für in Deutschland gesetzlich Versicherte. Gezahlt werden muss eine Behandlung vor Ort zunächst bar. Nur die (deutschen) privaten Krankenkassen erstatten im Nachhinein die Kosten.

Apotheken sind gut bestückt. Ein Kuriosum sind die beiden deutschen Apotheken, zu erkennen an dem roten Apothekenzeichen und einer Eins-a-Ausstattung und -Auswahl.

Apotheken

90 [D4] **Deutsche Apotheke (1),** Əziz Əliyev küç. 5C, Metro: İçərişəhər, Tel. 4372501, tägl. 9–21 Uhr

91 [D1] **Deutsche Apotheke (2),** Fizuli küç. 49, Metro: Nizami, Tel. 5964411, tägl. 9–21 Uhr

Krankenhäuser

92 [bh] **Customs Hospital,** Kazım Kazımzadə küç. 118, Metro: Elmlər Akademiyası, www.customshospital.az, Mo.–Fr. 9–18 Uhr, Tel. 5370182. Die seit 2009 existierende Klinik inklusive Kinderabteilung gilt als eine der besten des Landes. Die zum Teil Deutsch sprechenden Ärzte sind auch in Notfällen für die Patienten da (allerdings nicht am Wochenende).

93 [H2] **International SOS Clinic,** Yusif Səfərov küç. 1 (gegenüber dem Museum für Moderne Kunst), Metro: Xətai, www.internationalsos.com, Tel. 4895471. Reinhard Gruner spricht Deutsch und arbeitet hier als Allgemeinarzt. SOS-Kliniken gibt es auf der ganzen Welt, es handelt sich um eine Filiale dieses Netzwerks.

✚94 [A5] **Mərkəzi-Klinik (1),** 76 Parlament prospekti (im Baku Hospital), Metro: İçərişəhər (weit), Funikular (oberer Pavillon), sonst Taxi, www.merkeziklinika.az, Tel. 4921092. Der Englisch sprechende, griechischstämmige Kinder- und Notfallarzt Andréas Petrópoulos arbeitet in dieser großen, alle Fachbereiche abdeckenden Klinik, die es an dieser Stelle hinter dem Parlamentsgebäude seit 1965 gibt. 2009 kamen die Ambulanz und ein zweiter Standort hinzu:

✚95 [E3] **Mərkəzi-Klinik (2),** Zərifə Əliyeva 5

✚96 [D3] **Zahnklinik Denta Care,** Məmmədəliyev küç. 17, Metro: Sahil, Tel. 077 2222060. Bei Zahnbeschwerden ist man hier gut aufgehoben. Man trifft in jedem Fall auf einen Englisch sprechenden Arzt. Vural Erdal spricht sogar Deutsch und behandelt auch Formel-1-Piloten!

Mit Kindern unterwegs

Die gesamte **Bulvarı** genannte Uferstraße ist wie ein riesengroßer Park mit **Karussells, Klettermöglichkeiten, Autoscooter und Spielplätzen.** Im mittleren Teil, in der Nähe der Park Bulvar Mall (s. S. 84), fährt für Kinder unter 12 Jahren im Sommer eine **Kindereisenbahn** am Ufer auf und ab bis zum Flaggenplatz **26** und zur Chrystal Hall (s. S. 40). Kindersicher ist die asphaltierte Allee auch, die typischen Bänke im Schatten bieten Erholung für Eltern und Kinder. Alle einhundert Meter tauchen auf dem Bulvarı Snack-Kioske auf, an denen es Säfte, Kräcker, Nüsse und Eis zu kaufen gibt.

Vor dem Museumszentrum **19** befindet sich ein riesiger **musizierender Springbrunnen**, der klassische Stücke „spielt".

Die ungemein kinderfreundliche Stadt bietet gleich zwei einzigartige **Puppentheater.** Der schneeweiße Prachtbau **20** am Bulvarı auf der Höhe des Glaskubuscafés Lale wartet u. a. mit Riesenpuppen und allerlei Märchen aus 1001 Nacht auf. Das neue Marionettentheater von Tarlan Gorchu (s. S. 79) variiert Klassiker der aserbaidschanischen Literatur und richtet sich daher eher an größere Kinder und Erwachsene.

Auch eine **Gondelfahrt in der nachgebauten Lagune von Venedig** **22** kann Spaß machen. Mit einem richtigen Dampfer (siehe „Mini-Kreuzfahrt" auf S. 33) geht es hingegen vom Anleger in die Bucht von Baku. Die Fahrt dauert nur knapp 40 Minuten, gerade passend für die Kleinen.

●97 [aj] **Aquapark,** Mikayıl Müşfiq küç. 1c (im Garten des Kempinski-Hotels), www.kempinski.com, Tel. 5389090. Bietet zwei Pools, ein beheiztes Kinderbecken und für Kinder ab 7 Jahren Wasserrutschen und einen Whirlpool. Der tolle Wasserpark kostet für Nicht-Hotelgäste etwa 40 ₼ und ist in 15 Minuten mit dem Taxi zu erreichen.

› **Dalga Beach Aquapark Resort** (s. S. 86). Hier kann man einen ganzen Tag am Meer die Seele baumeln lassen und zwischendurch den Aquapark erkunden.

› Der Besuch des Richard-Sorge-Denkmals **36** lässt sich wunderbar mit dem **Koala-Vergnügungspark** (www.koalapark.az) verbinden. Hier fahren die Kleinen mit Mini-Limousinen und -Motor-

EXTRATIPP

Fahrradverleih

- Das **Boulevard Hotel** (s. S. 123) verleiht Fahrräder auch für Nichtgäste (8 ₼ pro Stunde). Von dort kann man den gesamten, 15 Kilometer langen, asphaltierten Bulvarı entlang und wieder zurück abfahren.
- Im Straßenverkehr sind Radfahrer eine Seltenheit. Sie leben **gefährlich,** da es keine eigenen Spuren gibt und niemand auf sie als Verkehrsteilnehmer eingestellt ist.
- **Fahrradstrecken** in Baku findet man unter www.mapmyride.com/az/baku-baki.

rädern durch den abgezäunten Park, hüpfen auf Trampolinen oder sitzen im Babykarussell.

98 [D3] **Nutellaland,** Rəsulzadə küç. 4B, Metro: İçərişəhər, www.facebook.com/nutellandbaku, tägl. 10–2 Uhr. Ob Kuchen, Crêpes, Burger oder Eis, hier kann man alles mit Nutellaüberzug bestellen. Das wird die Herzen der Kleinen (und Großen?) höherschlagen lassen. Hier ist nicht umsonst immer was los. Kaffee und Tee gibt's auch, aber ganz ohne Nutellageschmack.

- In der **Park Bulvar Mall** (s. S. 84) gibt es ein **Planetarium** mit einigen englischsprachigen Vorführungen, ein **Kino** und das **Happyland** (Karussell, Labyrinth, Hüpfburg etc.).

Notfälle

- **Feuerwehr:** Tel. 101
- **Polizei:** Tel. 102
- **Ambulanz:** Tel. 103
- **Fundbüro:** Tel. 5909191
- **Informationszentrum des Tourismusministeriums:** Tel. 147

Kartensperrung

Bei Verlust der **Debit-(EC-), Kredit- oder SIM-Karte** gibt es für Kartensperrungen eine deutsche Zentralnummer (unbedingt vor der Reise klären, ob die eigene Bank bzw. der jeweilige Mobilfunkanbieter diesem Notrufsystem angeschlossen ist). Aber Achtung: Mit der telefonischen Sperrung sind die Bezahlkarten zwar für die Bezahlung/Geldabhebung mit der PIN gesperrt, nicht jedoch für das Lastschriftverfahren mit Unterschrift. Man sollte daher auf jeden Fall den **Verlust zusätzlich bei der Polizei zur Anzeige bringen,** um gegebenenfalls auftretende Ansprüche zurückweisen zu können. In **Österreich** und der **Schweiz** gibt es **keine zentrale Sperrnummer,** daher sollten sich Besitzer von in diesen Ländern ausgestellten Debit-(EC-) oder Kreditkarten vor der Abreise bei ihrem Kreditinstitut über den zuständigen Sperrnotruf informieren. Generell sollte man sich immer die **wichtigsten Daten wie Kartennummer und Ausstellungsdatum notieren,** da diese unter Umständen abgefragt werden.

- Deutscher Sperrnotruf: Tel. +49116116
- Weitere Infos: www.sperr-notruf.de

Öffnungszeiten

Der Großteil aller **Geschäfte und Supermärkte** hat täglich geöffnet, und zwar ab 9 Uhr bis ca. 21 Uhr. Eine Reihe von Spätkauf-Läden mit dem (russischen) Schild „24 часа" haben 24 Stunden geöffnet, einer ist am Neftçilər prospekti 15 (vor dem Jungfrauenturm 1) zu finden. **Banken** schließen schon gegen 16 Uhr und machen um 10 Uhr auf. **Ämter, Museen** öffnen gegen 10 Uhr und sind bis 17 oder 18 Uhr geöffnet.

Post

Eine Postkarte nach Mitteleuropa kostet 3 ₼.

⊠**99** [G2] **Azerpost (Zentrales Postamt),** Üzeyir Hacıbəyov küç. 72 (hinter dem Hilton Hotel), Metro: Sahil, www.azerpost.az, Tel. 4988000, geöffnet: tägl. 7–21 Uhr. Auch am Wochenende kann man hier Briefe abschicken und Briefmarken kaufen.

⊠**100 DHL Express,** DHL Worldwide Express, Əhməd Rəcəbli küç. 7, Metro: Nəriman Nərimanov, geöffnet: Mo.–Fr. 9–18, Sa. 10–15 Uhr. Der Versand dauert ca. 7–10 Tage.

KURZ & KNAPP

Fußball

Fußball ist in Aserbaidschan eine der beliebtesten (Fernseh-)Sportarten. Wer hat sie nicht gesehen, die SOCAR-Bandenwerbung bei der Fußball-Europameisterschaft 2016 in Frankreich? „Energy from Azerbaijan" stand da und manch einer wird sich gefragt haben, was das soll. Das staatliche Erdölunternehmen SOCAR war einer von zehn internationalen Sponsorenpartnern der UEFA, zusammen mit Coca Cola, Adidas, Hyundai, McDonald's, Continental und Carlsberg und anderen. Das Land rüstet sich schon für die vier Spiele der Fußball-EM 2020, die im 2015 fertiggestellten Nationalstadion in Baku stattfinden werden. „Hopes flying high" ... wie gerne würde das UEFA-Mitglied Aserbaidschan ein Großereignis als Gastgeber austragen.

Die erfolgreichste Mannschaft der aserbaidschanischen Liga ist Qarabağ Ağdam aus Bergkarabach, die aber wegen der Besetzung der Region in Baku trainieren und 2015 erstmals in der Europa League gespielt haben. Als erster Verein Aserbaidschans erreichte der Klub 2017/18 nach drei überstandenen Qualifikationsrunden die Gruppenphase der Champions League.

Die aserbaidschanische Nationalmannschaft (FIFA-Rang 119) konnte sich bisher weder für eine Fußball-WM noch für eine -EM qualifizieren.

●**101 Nationalstadion Baku (Bakı Milli Stadionu),** Heydar Əliyev prospekti 323, Metro: Koroğlu, http://bos.az, Tel. 4226410. Der mit neuester Technik ausgestattete Neubau von Heerim Architects aus Südkorea wurde 2015 fertiggestellt und bietet Platz für 70.000 Zuschauer. Die beleuchtbaren LED-Paneele der Fassade wurden in Form von Parallelogrammen angeordnet. Das Stadion steht am Böyük-Şor-See in der Nähe des Flughafens. Hier werden 2019 das Finale der UEFA Europa League und 2020 vier Spiele der Fußball-Europameisterschaft ausgetragen.

⊡ *Das fertige Nationalstadion*

068ba-dt©Saiko3p

Infos für LGBT+

Auch wenn Homosexualität seit dem Jahr 2000 nicht mehr strafbar ist, gibt es in der vorwiegend muslimischen Bevölkerung ***keinerlei Akzeptanz für Schwule und Lesben.*** *Eine LGBT-Gemeinschaft gibt es nur in kleinem Umfang in der Hauptstadt Baku. Die vom Staat kontrollierten Medien diskriminieren homosexuelle Menschen in Aserbaidschan und staatliche Behörden, etwa die Polizei, setzen LGBT-Aktivisten unter Druck. 2016 betitelte der Guardian Aserbaidschan als das* ***schwulenunfreundlichste Land in Europa.*** *Hier ein paar einschlägige Adressen:*

- 102 *[B2]* ***In Team Club,*** *Molla Vali Vidadi küç. 20, Metro: Nizami, www.facebook.com/inclubbaku, tägl. ab 22 Uhr. Ein liberaler Tanz- und Nachtklub mit wenig Licht und tollen „grooves". Elektro-Pop, 90er-Jahre-Musik, Rave etc., der auch Besucher aus Los Angeles anzieht.*
- 103 *[D3]* ***Room Baku,*** *Tərlan Əliyarbəyov küç. 10, Metro: Sahil, Tel. 5890191, tägl. 17–4 Uhr. Etwas schummrige Bar mit Restaurant. Da es so wenige Hotspots in Baku gibt, trifft man hier immer dieselben Leute, auch Expats und deren Gäste. Schöne Atmosphäre und donnerstags Livemusik.*
- 104 *[D3]* ***Phoenix Bar,*** *Yusif Məmmədəliyev küç. 10, Metro: Sahil, Tel. 3059090, Mo.–Fr. 16–24, Sa./So. 14–24 Uhr. Hier gibt es freitags und samstags Livevorführungen. Sonst auch Billard und richtig gute Laune. Am Wochenende voll.*

Sicherheit

Baku ist eine **sehr sichere Stadt.** Allerdings ist das Aufgebot an Polizei beträchtlich. Auch fühlt man sich vielleicht durch die vielen Kameras unwohl. Einige sind sogar in den Baumstämmen am Bulvarı angebracht. Und doch bleibt auch eine blonde Frau völlig unbehelligt. Die **Kriminalität** ist sogar geringer als in vielen europäischen Städten dieser Größenordnung. **Taschendiebe** gibt es hier aber auch und jeder Besucher ist **rechtlich dazu verpflichtet, sich ausweisen zu können.** De facto wird im Stadtraum nie nach einem Dokument gefragt. Auch sollte man auf allzu aufreizende Kleidung verzichten. Sollte man überfallen worden sein, wendet man sich an die nächste Polizeidienststelle. Botschaften und Konsulate (s. S. 109) helfen weiter, wenn der Pass gestohlen wurde. **Drogenbesitz** kann empfindliche Strafen bis hin zu Freiheitsentzug nach sich ziehen.

- 105 [G2] **Polizeistation,** Neftçilər prospekti 129, Tel. 4930202

Sprache

Aserbaidschanisch ist eine dem Türkischen verwandte Turksprache, die jedoch außerhalb der Landesgrenzen, abgesehen vom nördlichen Iran, wo 15 Millionen Aserbaidschaner leben, da dieser Teil bis 1813 noch zu Aserbaidschan gehörte, kaum gesprochen wird. In den vergangenen 100 Jahren musste das Volk drei Alphabetwechsel miterleben. Als das Land 1918 eine von Russland eigenständige demokratische Republik wurde, wurden die arabischen Schriftzeichen durch die lateinischen ersetzt. Als 1920 Aserbaidschan wieder von Russland dominiert und 1922 zu einer Sowjetrepublik wurde, entschied man sich, die kyrillische Schrift anzunehmen. Mit der Unabhängigkeit 1991 kehrte man zum **lateinischen Alphabet** zurück.

Für des **Russischen** mächtige Reisende ist die Kommunikation überhaupt kein Problem. Seit einigen Jahren lernen alle Kinder in den Schulen **Englisch**, aber sehr verbreitet ist es trotzdem noch nicht, manchmal bleibt daher nur die **Zeichensprache.**

Eine hilfreiche Einführung bietet der Kauderwelsch-Band 214 „Aserbaidschanisch Wort für Wort" aus dem REISE KNOW-HOW Verlag.

Wenn man ein paar Sätze oder Floskeln in ihrer Heimatsprache spricht, fühlen sich die Aserbaidschaner mit Respekt behandelt und sind gleich viel offener. Wird man daraufhin zum Pilaw (s. S. 63) eingeladen, sollte man das kleine Büchlein vorher intensiver studieren.

Im Anhang dieses Buchs findet sich zudem eine **kleine Sprachhilfe** (s. S. 130).

Stadttouren

› **Hop-on-Hop-off-Touren** können online über www.azerbaijan24.com gebucht werden, Start ist am Regierungsgebäude (18), April–Okt., Dauer: 75 Minuten.

› **Baku Original Walking Free Tour** (https://bakufreetour.com, Tel. 050 7227234). Kostenlose öffentliche Touren von Einheimischen, die auf Englisch oder Aserbaidschanisch stattfinden. Die Spaziergänge beginnen jeweils um 10.30 und um 15 Uhr an der Metro İçərişəhər [C4]. Die Baku by night free Tour beginnt um 18.30 Uhr bei KFC am Fountains Square (10). Private Touren sind auch im Angebot, aber nicht kosten-

EXTRATIPP

„Ali-und-Nino-Tour" mit Fuad Axundov

Es ist der Baku-Roman schlechthin und eine Liebesgeschichte aus 1001 Nacht. Ali Khan ist ein aserbaidschanischer Moslem und Aristokrat, der seine Jugendliebe, die georgische Prinzessin und Christin Nino Kipiani heiraten will. Zwischen ihnen stehen nicht nur ihre unterschiedliche Religionszugehörigkeit, sondern auch jahrhundertealte Traditionen und aktuelle politische Wirren.

2016 kam der an Originalschauplätzen nach der Romanvorlage gedrehte Film „Ali & Nino – Weil Liebe keine Grenzen kennt" von Asif Kapadia mit Maria Valverde und Adam Bakri in die Kinos.

Der eindrückliche Film zeigt dem Zuschauer die Russische Revolution aus einer östlichen Perspektive. Um die Authentizität der Altstadt zu gewährleisten, mussten die Flame Towers aus den Aufnahmen wegretouchiert werden. Der Stadthistoriker Fuad Axundov ist ein wanderndes Geschichtsbuch. Er bietet Spaziergänge zu allen Originalschauplätzen an. Als dramatische Einlage spielt er Szenen aus dem Buch nach. Man erkennt ihn sofort an seiner Papaxa und der Fächermappe, die randvoll ist mit Archivbildern aller Art.

› **Ali und Nino Tours,** fuad_akhundov68@yahoo.com

054ba-hmj

frei. Alle Touren sind 24 Stunden im Voraus über Facebook zu buchen, über die Website oder per Telefon.

•106 [G2] **Retro Punk,** COLAB, Port Baku Residence, Neftçilər prospekti 151, Metro: Xətai, www.retropunk.az, Tel. 050 7777000. Wer schon immer mal in einer alten Sowjetlimousine herumkutschiert werden wollte, kommt hier auf seine Kosten. Für 40 Minuten in einem Wolga, Pobeda, GAZ Cabrio oder Tschaika inklusive Fahrer bezahlt man 50 ₼ (pro Person bei zwei Mitfahrern) bzw. 100 ₼, wenn man allein gefahren werden will. Eine dreistündige Rundfahrt mit Faig oder Elbay, die auch Englisch sprechen, kostet 100 ₼ pro Person (mindestens 3 Personen). Musikberieselung und Benzin sind im Preis enthalten.

Telefonieren

Im Zeitalter des Mobilfunks ist das Aufsuchen des Hauptpostamts (s. S. 119) nicht mehr dringend erforderlich, aber günstiger. Es sei denn, man hat eine lokale SIM-Karte. Azercell ist der bekannteste lokale Anbieter. Die Karte ist schnell gekauft, wenn man eine Kopie des Passes dabei hat.

- **Roaming** ist sehr teuer, man sollte sich vorab bei seinem Anbieter informieren. Eine **SMS** kostet meist ca. 1 ₼, 1 Minute **Telefonieren** ca. 10 ₼.
- In Cafés und Restaurants gibt es fast überall **kostenloses WLAN.**

Vorwahlen

Alle Rufnummern in Baku beginnen mit der **Vorwahl 012.** Bei einem Stadtgespräch entfällt die Vorwahl. Die Null entfällt, wenn man aus einem anderen Land anruft. Aserbaidschanische **Mobilfunknummern** sind an der Vorwahl 050, 051, 052 und weiter aufsteigend zu erkennen, die in diesem Buch mit aufgeführt werden. In allen anderen Fällen steht hier nur die siebenstellige Rufnummer.

- **Aserbaidschan:** +994
- **Deutschland:** +49
- **Schweiz:** +41
- **Österreich:** +43

Uhrzeit

Die Zeitverschiebung beträgt **plus 3 Stunden.** Da es in der für Baku geltenden Zeitzone UTC+4 **keine Sommerzeit** gibt, beträgt der Unterschied zur Mitteleuropäischen Zeit zwischen Ende März und Ende Oktober **nur 2 Stunden.**

Unterkunft

Hotels

Viele der Hotels sind über www.hrs.de buchbar. Die Auswahl an freien Zimmern ist meist groß, daher kann man auch recht kurzfristig buchen. Es wird eine Bettensteuer in Höhe von 15 % erhoben.

107 [bh] **Baku Boutique Hotel** €-€€, Əbdürrəhim bəy Haqverdiyev küç. 48, Metro: Elmlər Akademiyası, www.bedandbreakfast.eu/privatzimmer/

Preiskategorien Hotels

€	bis 60 €
€€	60–120 €
€€€	120–150 €
€€€€	ab 150 €

(Preis für ein Doppelzimmer pro Nacht inklusive Frühstück)

baku/baku-boutique-hotel/2708345, Tel. 050 3667798. Dieses **neue, modern eingerichtete** Hotel mit nur 15 eher kleinen Zimmern steht knapp zwei Kilometer vom Zentrum entfernt. Schöne Parkettböden, Flachbildschirme, Frühstücksbüfett, Klimaanlage und netter Service machen dieses an in Uni-Nähe, am Sabit Park gelegene Mittelklassehotel zu einer persönlichen und preiswerten Alternative zu den gängigen Kettenhotels. Es gibt Familienzimmer, Flughafenshuttle und einen 24-Stunden-Supermarkt nebenan. Die Metrostation Elmlər Akademiyası ist 600 Meter entfernt.

108 [D4] **Baleva Hotel** €-€€, Sabir küç. 12, http://baleva.hotels-baku.com, Tel. 4372115. Dieses neue, dreigeschossige **Zweisternehotel, einen Katzensprung vom Jungfrauenturm entfernt,** beschränkt sich auf das Wesentliche: Parkett, Ikea-Möbel, Schreibtisch, kleines Bad, alles neu. Die zentrale Lage ist allerdings nichts für Lärmempfindliche. Einige Zimmer haben einen kleinen Balkon.

109 [fi] **Boulevard Hotel Baku Autograph Collection** €€€€, Khagani Rustamov küç. 4, Metro: Xətai, Tel. 3100010, www.marriott.de. **Elegant und fabrikneu:** Dieses flach in die Landschaft gebaute, aber dennoch über 800 moderne Zimmer verfügende Hotel befindet sich im Herzen des noch in Bau befindlichen Stadtviertels White City (s. S. 105). Zum Zentrum sind es fast 5 Kilometer, dafür hat man einen spektakulären Blick auf die Silhouette von Baku, die Flammentürme und das Kaspische Meer. Die Uferpromenade wurde bereits neu angelegt und lädt zum Flanieren ein. Die vier europäisch anmutenden Kubenbauten sind mit großzügigen Restaurantflächen verbunden und mit riesigen Fenstern ausgestattet. Mit luxuriösem Pool, riesigem Frühstücksbüfett und Sonneninseln.

110 [D3] **Bristol Hotel** €-€€, Rəsulzadə küç 6, Metro: İçərişəhər www.bristolbaku.az, Tel. 4937322. Die **zentrale Lage mit Boheme-Faktor** zwischen Fountains Square und Jungfrauenturm ist unschlagbar. Allerdings ist die Metro İçərişəhər 20 Minuten entfernt. Dafür steht das hübsche Altbauhotel in der Fußgängerzone und bietet „Early Check-in", Flughafenshuttle für 30 ₼, komplett sanierte, wenngleich etwas kleine Zimmer und Bäder, tolles Parkett und ein üppiges Frühstück.

111 [B5] **Fairmont Baku** €€€€, Mehdi Hüseyn küç. 1, Funikular (oberer Pavillon), sonst Taxi, www.fairmont.com/baku, Tel. 5654848. **Spektakuläre Aussicht in einem der Flame Towers:** Das elegante Design, die riesigen, in erdigen Tönen gehaltenen Zimmer, der 3500 m² große Spa (ESPA) plus Fitnesscenter und Pool machen dieses Luxus-Hotel zur ersten Adresse am Platz. Einzigartig und dabei sehr demokratisch ist die zweite

055ba-hmj

Inmitten der Flame Towers versteckt sich der Pool des Fairmont

Lobby im 19. Stock. Dort kann man auch als Nicht-Hotelgast nur einen Kaffee oder Tee bestellen und sich auf eines der flauschigen Sofas setzen. Wie mit einem fliegenden Teppich gleitet der verwunderte Blick über die gesamte Stadt. Vor allem die Umrisse der islamischen Altstadt samt Mauern offenbaren die Größe des Stadtkerns. Bei schönem Wetter kann man die White City sehen ... und natürlich ganz viel Meer – ein Sehnsuchtsort!

112 [G2] **Holiday Inn Baku** €€-€€€, Kövkəb Səfərəliyeva küç. 5, Metro: Sahil (besser mit dem Taxi), www.holidayinn.com, Tel. 5991100. **Großzügig eingerichtet und mit Pool** ausgestattet ist dieses für Reisende mit Kindern ideale Hotel der Holiday-Inn-Kette in Bulvarı-Nähe auf Höhe der Port Baku Mall. Die hübschen, neuen Zimmer sind einladend und hell. Tolles Büfett und viel Raum zum Atmen. Super Preis-Leistungs-Verhältnis.

113 [F2] **Landmark Hotel** €€€-€€€€, Nizami küç. 90A, Metro: Sahil, www.thelandmarkhotel.az, Tel. 4652000. Als Fünfsternehaus ist dieses Hotel **eine der Top-Adressen in Baku.** In den oberen acht Etagen des Hochhauses finden sich Zimmer unterschiedlichster Größe, ein riesiger Pool und ein Fitnessklub. Was dieses Hotel aber so besonders macht, sind zwei vor allem von Nicht-Hotelgästen besuchte erstklassige Lokale: Die **Sky Bar** (tägl. 21–1 Uhr) und das Restaurant **Caspian Grill & Terrace** (24 Std. geöffnet). Man sitzt entweder leger in riesig hohen Räumen mit acht Meter hohen Fenstern oder auf der Terrasse. Von überall hat man einen spektakulären Blick auf die Skyline von Baku. Gerühmt wird der Sonntagsbrunch im Caspian Grill, aber man kann hier zu jeder Tages- und Nachtzeit herrlich sitzen.

114 [F3] **Park Inn** €€, Azadlıq prospekti 1, Metro: Sahil, www.parkinn.com/hotel-baku, Tel. 4906000. Dieser **neue, zentral gelegene** Ableger der zu Radisson gehörenden Hotelkette ist absolut empfehlenswert. Hinter der eintönigen Fassade findet man das **Eleven Restaurant** (mit spektakulärem Ausblick), eine ansprechende Bar, ein Café im westlichen Stil und einen Fitnessraum. Kostenloses WLAN ist in jedem der geschmackvoll, aber schlicht eingerichteten Zimmer vorhanden. Schreibtisch, Teppichboden und Sessel erhöhen den Gemütlichkeitsfaktor. Die Zimmer zum Bulvarı haben eine Panoramaperspektive. Es gibt auch Familienzimmer. Ein Airport Shuttle holt Gäste des Hauses ohne Extra-Kosten vom Flughafen ab und bringt sie dorthin zurück. Darüber hinaus steht ein Concierge 24 Stunden am Tag zur Verfügung.

115 [C4] **Seven Rooms Boutique Hotel** €-€€, Böyük qala küç. 27, Metro: İçərişəhər, www.sevenrooms.az, Tel. 050 5590104. **Mitten in der historischen Altstadt** liegt dieses Kleinod mit frisch sanierten, in Braun- und Schwarztönen gehaltenen Zimmern inklusive Parkettboden, Schreibtisch und teilweise Balkon. Die zentrale Lage, der wunderbare Service und der Ausblick machen dieses Hotel zu einer echten Empfehlung. Es ist nicht umsonst oft ausgebucht.

116 **The Crescent Beach Hotel** €€, Salyan şossesi, Şıxov çimərlik, www.cbh.az, Tel. 4974777. Ein **400 Meter langer Privatstrand** ist das Besondere an diesem Mittelklassehotel mit Innen- und Außenpool, Tennisplätzen, Fitnessklub und klimatisierten, wenngleich recht kleinen Zimmern (WLAN inklusive). Erst kürzlich sanierte und schön gelegene Anlage mit Blick auf die ausrangierte Bohrinsel, zu der man theoretisch auch schwimmen kann. Es gibt einen kostenlosen Shuttle-Bus ins Zentrum, der für die Fahrt etwa 15 Minuten braucht.

117 [C4] **Two Seasons Boutique Hotel** €-€€, Sabir küç. 5, Metro: İçərişəhər. Das **kleine, romantische Mittelklassehotel** befindet sich im historischen Zentrum von Baku innerhalb der alten Festungsmauern aus dem 12. Jahrhundert. Die gemütlichen, frisch sanierten Zimmer mit pastellfarbenem Interieur und Teppichboden verfügen über einen Flachbild-Sat-TV und sind klimatisiert, einige verfügen über Balkon, Meer- oder Gartenblick. Bademäntel und Pflegeprodukte sowie Shuttleservice zum Flughafen sind inklusive.

Hostel

118 [C4] **Baku Old City Hostel** €, Kiçik qala küç. 40, Metro: İçərişəhər, www.oldcityinnbaku.com, Tel. 4372110. **Unschlagbar günstig, zentral gelegen** und dabei tipptopp in Ordnung ist dieses anheimelnde Hostel (bei zwei Gästen ab 40 ₼ pro Person) in einer Altstadtgasse hinter dem Murad-Tor. Weiße Doppelstockbetten oder kleine Einzelzimmer mit winzigen Fenstern finden sich in diesem typischen Gewölbe. Ein kleiner Gemeinschaftsraum lädt zum Surfen im Internet ein. Besonders authentisch sind die hübschen Teppiche und die orientalische Deko.

Apartments

- **Airbnb** hat Unmengen von wunderschönen, neuen, kleinen und großen Wohnungen im Angebot, schon ab 60 ₼ pro Nacht plus Service-Gebühr und Reinigung.

119 **Home Bridge Hotel Apartments** €€, Salyan şossesi 14, Metro: http://homebridge.az, Tel. 4045113. **Geschmackvolle, großzügige Apartments** in einem stylishen Neubau (65 Wohnungen), 9 km vom Zentrum entfernt an der Ausfallstraße Richtung Süden, jedoch nach hinten versetzt. Reichhaltiges Frühstück ist inklusive. Außerdem Außenpool, Fitnessstudio, Balkone ... und – auf Wunsch – Meerblick!

Verhaltenstipps

Am besten so

- Die Gastfreundschaft der Orientalen ist legendär. Reisende werden extrem höflich behandelt. Wird man eingeladen, sollte man dreimal ablehnen, bevor man zusagt und unbedingt einen **Blumenstrauß oder Pralinen mitbringen.**
- Man darf ruhig etwas auf dem Teller lassen, wenn man satt ist, aber das **Brot muss aufgegessen werden.** Am besten überlegt man sich auch einen **Trinkspruch** und lobt die Köchin.
- Im Gespräch wird schnell zum **„Du“** übergegangen. Man nennt sich dann beim Vornamen, bleibt aber beim **„Sie“**, vor allem, wenn die Person älter ist.
- Auch wenn man nur das Wort **„Salam“ („Hallo“)** kennt, sollte man es benutzen. Über **„Sag olun“ (Danke)** freuen sich die Einheimischen auch.
- **Fußgängerunterführungen** sind oft weit entfernt. Man sollte sie trotzdem benutzen.
- Vor dem Betreten einer **Moschee** müssen die **Schuhe ausgezogen** werden. **Frauen** brauchen ein **Kopftuch.**

So besser nicht

- **Flipflops und zu legere Kleidung** werden als respektlos betrachtet.
- Auch wird man niemanden in der Öffentlichkeit ein **Bierchen** trinken, einen **Burger** oder eine **Pizza essen** sehen. Selbst **Coffee-to-go ist unüblich,** wenngleich nicht verboten. „To go“ ist ein Trend, der der orientalischen Gemütlichkeit und dem sozialen Miteinander zuwiderläuft. Man sitzt in einem der Cafés oder in einer der Teestuben.
- **Fotografieren** kann man fast überall, jedoch nicht in Moscheen, in der Metro und in staatlichen Gebäuden. Unbekannte sollte man fragen.

Verkehrsmittel

Metro

Die Metro in Baku ist eine typisch sowjetische, weit unter der Stadt fahrende und mit extralangen Rolltreppen leicht zugänglich gemachte Untergrundbahn, die tägl. von 6 bis 24 Uhr verkehrt. Sie wurde in den 1960er- und 1970er-Jahren erbaut und mit hochwertigen Materialien wie teuren Lüstern, opulenten Säulen und nationalen Ornamenten ausgestattet. Am orientalischsten wirken die in bunten Mosaiken verewigten Geistesgrößen des Vestibüls der Station Nizami. Dem nicht genug sind einige der Pavillons an der Oberfläche architektonische Kleinode. **Sehenswert** sind die Pavillons der von dem berühmten Bakuer Stadtarchitekten Mikayıl Useynov entworfenen Stationen **Elmlər Akademiyası** [bi], **Nəriman Nərimanov** [eg] und **Nizami** [B1]. Der quadratische Xətai-Pavillon [eh] ist mit einer Vorhangfassade aus Shebeke-Vitragen und Buntglas ausgestaltet. Im Vestibül der Station **Neftçilər** sind fantastische Mosaiken zum Thema Erdöl zu sehen. Fotografieren darf man sie sowie den gesamten Metrobereich in Baku leider nicht. Die sublime Glaspyramide der zentralen Station **İçərişəhər** [C4] wird jeden Besucher beeindrucken. Der Eingang befindet sich unter einem fliegenden Aluminiumteppich auf Stelzen.

› Ein Kuriosum ist, dass **nur drei Metrostationen** das **Zentrum** versorgen. Meist macht es daher mehr Sinn, zu Fuß zu gehen oder ein Taxi zu nehmen. Für die White City (s. S. 105) sind zwei neue Metrostationen vorgesehen.
› **Vorsicht** ist **beim Einsteigen** geboten, man muss aufpassen, dass man in die richtige Richtung fährt. Die Beschilderung ist ausschließlich auf Aserbaidschanisch.

062ba-hmj

› Auf der **Website** (www.metro.gov.az/en) wird auf Englisch ausführlich und verständlich erläutert, wie man Tickets kauft. Zunächst kauft man am Automaten eine Plastikkarte (BakıKART) für ca. 2 ₼. Dann lädt man diese mit einem Betrag seiner Wahl (immer wieder) auf. Eine Fahrt kostet 0,20 ₼.

Funikular

Vom Bulvarı auf der Höhe des Teppichmuseums (24) fährt eine **Standseilbahn** in 10 Minuten die weiter oben liegenden Stadtteile, den Dağüstü park und zur Allee der Märtyrer. Während der Fahrt zeigt sich die Stadt von ihrer mediterranen, grünen Seite. Oben angekommen, ist man gleich im herrlichen Dağüstü-Parkareal. Im hinteren Teil auf einer Anhöhe befindet sich eine riesige Marmortreppe, über die man gemütlich wieder nach unten schlendern kann.

› Fahrt: 1 ₼, tägl. 12–22 Uhr

Schiff

Am Anleger auf der Höhe der Park Bulvar Shopping Mall liegt ein Ausflugsdampfer vor Anker, mit dem man in der Bucht von Baku mit herrlichem Blick auf die Skyline entspannt über das Meer schuckelt (s. S. 33).

056ba-hmj

⌃ *Taxis vor den Flame Towers (28), die nachts Feuer fangen*

‹ *Der Eingang zur Glaspyramide der Metrostation İçərişəhər [C4] befindet sich unter einem fliegenden Teppich*

Taxi

Es sind vor allem die lilafarbenen, staatlichen, nicht so teuren Taxis, genannt *badımcan* (für Aubergine), die man heranwinken sollte. Sie sind die einzigen, die über ein Taxameter verfügen. Manchmal weigern sich die Fahrer, es anzustellen, aber man sollte darauf bestehen. Die **Kommunikation** gestaltet sich leider etwas schwierig. Mit Russisch ist noch einiges möglich, mit Englisch eher nicht. Daher macht es Sinn, sich den Namen der Sehenswürdigkeit auf Aserbaidschanisch auf einen Zettel schreiben zu lassen oder auf einer Karte zeigen zu können, wohin man möchte. Manchmal ist es besser, man lässt sich zu einer bestimmten Metrostation bringen, die Namen kennen alle. Man sollte möglichst **Kleingeld** mitführen und 15 % **Trinkgeld** einplanen. Die staatlichen Taxifahrer werden nicht gut bezahlt, sind aber freundlich und hilfsbereit und nicht aufdringlich. Bei teureren Taxis immer den Preis vorher aushandeln!

Wetter und Reisezeit

Die klimatischen Bedingungen in Baku können als **gemäßigtes Steppenklima** beschrieben werden. Es gibt viel Sonne, wenig Niederschlag und hin und wieder sehr starke Winde. Die Tageshöchstwerte liegen von Juni bis September bei 25 bis 30 oder seit einigen Jahren auch 35 Grad, von Dezember bis März bei 5 bis 10 Grad und in den übrigen Monaten dazwischen. Nächtliche Tiefstwerte sind von Juni bis September bei 19 bis 23 Grad, von Dezember bis März bei 1 bis 5 Grad und sonst bei 8 bis 15 Grad. Im **Winter** gibt es meist ein paar Tage mit Temperaturen unter dem Gefrierpunkt, aber meist nur nachts. **Eis und Schnee sind selten** zu sehen. Im **Sommer** gibt es im Durchschnitt **nur ein bis zwei Regentage** pro Monat und von Oktober bis März selten mehr als sechs. Die objektiv **besten Monate mit Gutwettergarantie sind Mai bis Oktober.** Von Juni bis August wird es sehr heiß, aber es ist trocken. Der Februar ist der kälteste Monat im Jahr. Im Winter ist es früh dunkel und oft verhangen, aber der November kann auch noch sehr schön sein.

060ba-hmj

Bei Platzregen helfen ein Schirm oder ein Besuch im Museum

Die Autorin kommt **am liebsten im April/Mai nach Baku.** Dann sind die (europäischen) Bäume endlich grün und man kann wunderbar fotografieren. Auch **September und Oktober** sind ideale Monate. Warm ist es in Baku das ganze Jahr über, die letzten Sommer waren allerdings extrem heiß. Das Klima hat viel Ähnlichkeit mit dem in Dubai. Man sollte sich ein **Hotel mit Klimaanlage** aussuchen. Immer mal wieder muss man mit einem der namensgebenden starken Winde (s. S. 93) rechnen. An solchen Tagen klart die Sicht nicht auf, da mit dem Wind Sand aus der Wüste in die Stadt geweht wird.

Durchschnitt	Wetter in Baku											
Maximale Temperatur	7°	7°	10°	16°	22°	27°	31°	30°	26°	20°	14°	10°
Minimale Temperatur	2°	2°	4°	9°	15°	20°	22°	23°	19°	14°	9°	5°
Regentage	6	6	5	4	3	2	1	2	2	6	6	6
Wassertemperatur	6°	5°	7°	11°	17°	22°	25°	26°	23°	18°	13°	8°
	Jan	Febr	März	Apr	Mai	Juni	Juli	Aug	Sept	Okt	Nov	Dez

ANHANG

061ba-hmj

Kleine Sprachhilfe Aserbaidschanisch

Diese Sprachhilfe stammt aus dem Kauderwelsch-Band Nr. 214 „Aserbaidschanisch – Wort für Wort", der im Reise Know-How Verlag erschienen ist.

Aussprache vom Deutschen abweichender Laute

c	stimmhaftes „dsch" wie in „Dschungel"
ç	stimmloses „tsch" wie in „Tschüss"
ə	lang und offen, wie in „Ähre" oder engl. „cat"
e	meistens kurz und offen, wie „ä" in „hätte"
g	vor und nach e, i, ö ,ü vorderes „g", vor und nach a, ı, o, u hinteres „g"
ğ	wie ein deutsches „Zäpfchen- r"
h	am Silbenanfang: wie „h" in „Haus" am Silbenende: schwaches „ch" wie in „ich"
x	starkes „ch" wie in „ach" oder „Loch"
ı	kurzes und dumpfes „i". Die Lippen spreizen und die Zunge zurückziehen wie in Krım
j	wie „j" in „Jargon" oder „Journalist"
q	wie „g" in „gut" (am Silbenende wie „p")
l	vor und nach e, i, ö, ü wie im Deutschen, vor und nach a, ı, o, u wie engl. „l" in „all"
o	meist kurz und offen wie in „Kost"
ö	meist kurz und offen wie in „können"
r	Zungenspitzen-r
s	stimmloses „s" wie in „Riss"
ş	wie deutsches „sch"
u	meist kurz und offen wie in „Mutter"
v	wie deutsches „w"
y	wie deutsches „j" in „ja"
z	stimmhaftes „s" wie in „Sommer"

Die wichtigsten Zeitangaben

bugün axşam	heute Abend
sabah səhər	morgen früh
bayag	vorhin
indi	jetzt
dünən	gestern
bugün	heute
sabah	morgen
bazar ertəsi	Montag
çərşənbə axşamı	Dienstag
çərşənbə	Mittwoch
cümə axşamı	Donnerstag
cümə	Freitag
şənbə	Samstag
bazar	Sonntag

Die wichtigsten Fragewörter

kim?	wer?
kimin?	wessen?
kimə?	(zu) wem?
kimi?	wen?
kimin üçün?	für wen?
kimdə?	bei wem?
kimdən?	von wem?
nə?	was?
niyə?	weshalb? wieso?
nədən?	warum?
nə üçün?	wofür?
neçə? nətər?	wie?
nə qədər?	wie viel?
nə ilə?	womit?
harda?	wo?
haraya?	wohin?
hardan?	woher?
hansı?	welche(-r, -s)?
nə vaxt? nə zaman?	wann?

Die wichtigsten Richtungsangaben

burada, burda	hier
orada, orda	dort, da
sağa	nach rechts
sola	nach links
düz	geradeaus
geri	zurück

+++ Die wichtigsten Wörter mit dem Bonus-Audiotrack des Kauderwelsch-

Zahlen

0	sıfır
1	bir
2	iki
3	üç
4	dörd
5	beş
6	altı
7	yeddi
8	səkkiz
9	doqquz
10	on
11	on bir
12	on iki
13	on üç
14	on dörd
15	on beş
16	on altı
17	on yeddi
18	on səkkiz
19	on doqquz
20	iyirmi
21	iyirmi bir
22	iyirmi iki
23	iyirmi üç
24	iyirmi dörd
25	iyirmi beş
26	iyirmi altı
27	iyirmi yeddi
28	iyirmi səkkiz
29	iyirmi doqquz
30	otuz
40	qırx
50	əlli
60	altmış
70	yetmiş
80	səksən
90	doxsan
100	yüz

Die wichtigsten Floskeln und Redewendungen

bəli	ja
hə	ja (umgangssprachlich)
əlbəttə	sicher, allerdings
xeyr	nein
Yox!	Gibt es nicht! (umgangssprachlich)
qətiyyən	auf keinen Fall
Salam!	Guten Tag! / Hallo!
Necəsiniz?	Wie geht es Ihnen?
Nə var, nə yox?	Was gibt's Neues?
Yaxşıyam.	Es geht mir gut.
Bağışla!	Entschuldige!
Bağışlayın!	Entschuldigen Sie!
Bir şey olmadı.	Kein Problem.
Adınız nədir?	Wie heißen Sie?
Sənin adın nədir?	Wie heißt du?
Adım Zaurdur.	Ich heiße Zaur.
Çox şad oldum.	Hat mich sehr gefreut.
Xahiş edirəm.	Ich habe eine Bitte.
Zəhmət olmasa.	Wenn es keine Umstände macht.
Təşəkkür edirəm.	Ich danke Ihnen / dir!
Sağ olun.	Danke! (gesiezt) auch: Auf Wiedersehen!
Sağ ol.	Danke! (geduzt) auch: Auf Wiedersehen!

Xuda hafiz.	Auf Wiedersehen.
Gülə, gülə!	Komm gut nach Hause!
Allah amanında!	Mit Gottes Hilfe!
Görüşənədək.	Bis nächstes Mal!
Yaxşı yol!	Gute Reise! / Gute Fahrt!
Nuş olsun!	Guten Appetit!
Uğurlar olsun!	Viel Erfolg!

Die wichtigsten Fragen und Sätze

... hardadır?	Wo ist ...?
Mən ... axtarıram.	Ich suche nach ...
... burada varmı?	Gibt es hier ...?
... neçəyədir?	Was kostet ...?
Qiyməti yazarsınızmı?	Können Sie den Preis aufschreiben?
Sizə kömək lazımdirmi?	Brauchen Sie Hilfe?
Mən sizin telefondan istifadə edə bilərəmmi?	Darf ich Ihr Telefon benutzen?
şəhərə hansı avtobus gedir?	Welcher Bus fährt in die Stadt?
Bu avtobus ... gedirmi?	Fährt dieser Bus nach ...?
Növbəti avtobus nə zaman gələr?	Wann kommt der nächste Bus?
Axırıncı avtobus nə zaman gedər?	Wann fährt der letzte Bus?
Mən maşını icarəyə harada götürə bilərəm?	Wo kann ich ein Auto mieten?
Bunun gündəlik haqqı nədir?	Was kostet es pro Tag?
Mən burada saxlaya bilərəmmi?	Kann ich hier parken?
Biz... istiqamətə aparan yoldayıq?	Sind wir hier auf dem Weg nach ...?
ən yaxın yanacaq doldurma məntəqəsi hardadır?	Wo ist hier die nächste Tankstelle?

Nichts verstanden? Weiterlernen!

Mən sizi başa düşmədim.	Ich habe Sie nicht verstanden.
Mən azericə danışmıram.	Ich spreche kein Aserbaidschanisch.
Mən ingiliscə danışıram.	Ich spreche Englisch.
Siz ingiliscə danışırsınız mı?	Sprechen Sie Englisch?
Siz almanca danışırsınız mı?	Sprechen Sie Deutsch?
Mən	Ich bin ...
... almaniyadanam.	... aus Deutschland.
... avstriyadanam.	... aus Österreich.
... isveçrədənəm.	... aus der Schweiz.
... nə deməkdir?	Was bedeutet ...?
Birdə təkrar edə bilərsiniz mi?	Können Sie das noch mal wiederholen?
Mənə tərcüməçi lazımdır.	Ich brauche einen Dolmetscher.
Siz bunu yaza bilərsiniz mi?	Können Sie das aufschreiben?
Mənə kömək edə bilərsinizmi?	Können Sie mir helfen?

Register

Die Autorin

Heike Maria Johenning, Jahrgang 1968, studierte Slawistik und Romanistik in München, Paris und Moskau und machte ihren Abschluss am Sprachen- und Dolmetscher-Institut in München. Seit 1996 arbeitet sie freiberuflich als Autorin und Übersetzerin. Sie übersetzte unter anderem „Sozgorod" von Nikolaj Miljutin (DOM publishers, Berlin 2008) und „Jakow G. Tschernichow – Grafische Meisterwerke" (DOM publishers, Berlin 2009) aus dem Russischen. Seit 25 Jahren ist sie mit den Metropolen der ehemaligen Sowjetunion bestens vertraut.

Für den Reise Know-How Verlag hat sie die Bände „CityTrip Moskau", „CityTrip Kiew" und „CityTrip Montréal" geschrieben. Bei DOM publishers veröffentlichte sie Architekturführer über Sankt Petersburg, Kiew (mit Peter Knoch), Krakau (mit Markus Bingel) und ... Baku. 2018 erscheint ihr „Architekturführer Tbilisi". Angelockt von der Ausstellung „Fly to Baku" im Jahr 2012 flog die Autorin kurz danach zum ersten Mal in den Kaukasus. Seither wurde jeder Aufenthalt in Baku zu einer Reise mit einem fliegenden Teppich. Und aus dem Wunsch, diese einzigartige, wie ein Juwel funkelnde Stadt Europäern näherzubringen, eine Mission ...

Hinweise und Meinungen zum Buch nimmt die Autorin gern unter kontakt@johenning.de entgegen.

Impressum

Heike Maria Johenning

CityTrip Baku

1. Auflage 2018

ISBN 978-3-8317-3057-5

Printed in Germany

Druck und Bindung:
Media-Print, Paderborn

Herausgeber: Klaus Werner
Layout: amundo media GmbH (Umschlag, Inhalt), Peter Rump (Umschlag)
Lektorat: amundo media GmbH
Karten: Ingenieurbüro B. Spachmüller, amundo media GmbH
Anzeigenvertrieb: KV Kommunalverlag GmbH & Co. KG, Alte Landstraße 23, 85521 Ottobrunn, Tel. 089 928096-0, info@kommunal-verlag.de
Kontakt: Osnabrücker Str. 79, 33649 Bielefeld, info@reise-know-how.de

Bildnachweis

Umschlagvorderseite: fotolia.com by adobe © melanie_10 | Umschlagklappe rechts: Heike Maria Johenning
Soweit ihre Namen nicht vollständig am Bild vermerkt sind, stehen die Kürzel an den Abbildungen für die folgenden Fotografen, Firmen und Einrichtungen. Heike Maria Johenning: hmj | fotolia.com by adobe: fo | Marionettentheater Baku: tg | dreamstime.com: dt

Liste der Karteneinträge

Hier nicht aufgeführte Nummern liegen außerhalb der abgebildeten Karten. Ihre Lage kann aber wie die von allen Ortsmarken im Buch mithilfe der Web-App angezeigt werden (s. rechts).

Zeichenerklärung

[D4] Verweis auf Planquadrat im City-Faltplan
1 Hauptsehenswürdigkeit

Bar, Klub, Treffpunkt
Pub, Kneipe
Café, Teestube
Denkmal
Galerie
Geschäft, Kaufhaus, Markt
Hotel
Imbiss
Informationsstelle
Hostel
Kirche
Krankenhaus, Arzt
Leuchtturm
Metro-Haltestelle
Moschee
Museum
Musikszene, Disco
Parkplatz
Polizei
Post
Restaurant
Sonstiges
Theater
Vegetarisches Restaurant

Shoppingareal
Gastro- und Nightlife-Areal

Spaziergang (s. S. 14)

Baku mit PC, Smartphone & Co.

QR-Code auf dem Umschlag scannen oder **www.reise-know-how.de/citytrip/baku18** eingeben und die **kostenlose Web-App** aufrufen (Internetverbindung zur Nutzung nötig)!

★**Anzeige der Lage und Satellitenansicht aller** beschriebenen Sehenswürdigkeiten und touristisch wichtigen Orte
★**Routenführung** vom aktuellen Standort zum gewünschten Ziel
★**Exakter Verlauf** des empfohlenen Stadtspaziergangs
★**Audiotrainer** der wichtigsten Wörter und Redewendungen
★**Updates** nach Redaktionsschluss

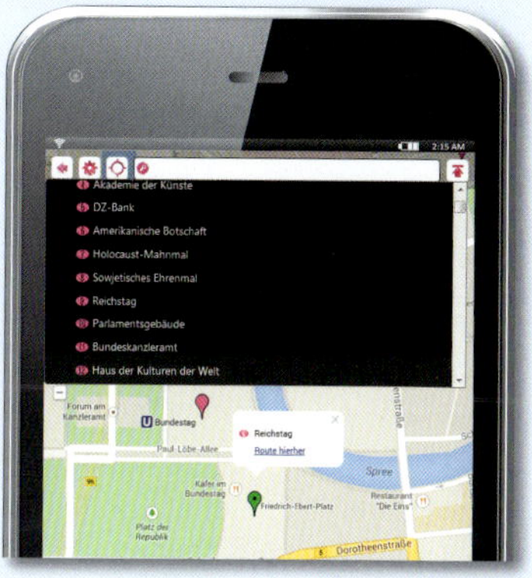

GPS-Daten zum Download

Die GPS-Daten aller Ortsmarken können als KML-Dateien hier geladen werden: www.reise-know-how.de, dann das Buch aufrufen und zur Rubrik „Datenservice" scrollen.

Stadtplan für mobile Geräte

Um den Stadtplan auf Smartphones und Tablets nutzen zu können, empfehlen wir die App „Avenza Maps" der Firma Avenza™. Der Stadtplan wird aus der App heraus geladen und kann dann mit vielen Zusatzfunktionen genutzt werden.

Unsere App-Empfehlungen zu Baku

› **Baku Airport:** Flugsuche in Echtzeit und Check-in einfach gemacht (kostenlos für iOS und Android)
› **Baku Bus:** Mit dieser App kann man jede Haltestelle ausfindig machen und einsehen, welcher Bus dort hält (kostenlos für iOS und Android, auf Aserbaidschanisch, daher nur parallel mit der App Google Übersetzer nutzbar).
› **City Taxi Baku:** praktische Taxisuche, auch auf Englisch (kostenlos für iOS und Android)
› **Manat Converter:** Währungsrechner mit unkomplizierter Bedienung und schönem Design (kostenlos für iOS und Android)

Die Web-App und der Zugriff auf diese über QR-Codes sind eine freiwillige, kostenlose Zusatzleistung des Verlages. Der Verlag behält sich vor, die Bereitstellung des Angebotes und die Möglichkeit der Nutzung zeitlich und inhaltlich zu beschränken. Der Verlag übernimmt keine Garantie für das Funktionieren der Seiten und keine Haftung für Schäden, die aus dem Gebrauch der Seiten resultieren. Es besteht ferner kein Anspruch auf eine unbefristete Bereitstellung der Seiten.

1 cm = 100 m
0 200 m

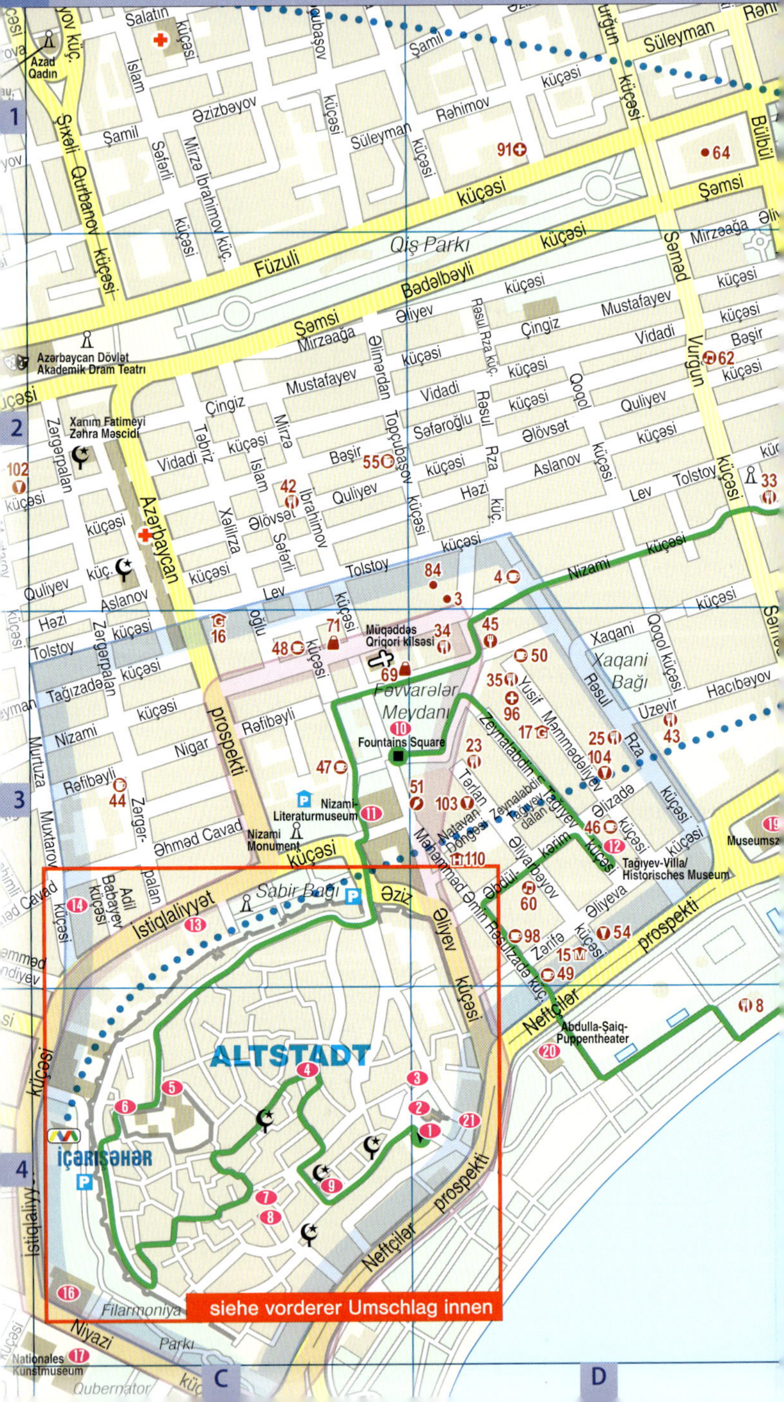